ad Ernst Fraenkel, Der Doppelstaat

EVROPA

ad Ernst Fraenkel
Der Doppelstaat

Alexander v. Brünneck
Horst Dreier
Michael Wildt

Europäische Verlagsanstalt

Bibliografische Information der Deutschen Nationalbibliothek
Die Deutsche Nationalbibliothek verzeichnet diese Publikation in der Deutschen Nationalbibliografie; detaillierte bibliografische Daten sind im Internet über http://dnb.d-nb.de abrufbar.

Umschlaggestaltung und Satz: Christian Wöhrl, Hoisdorf
Signet: Dorothee Wallner nach Caspar Neher »Europa« (1945)

Printed in Germany

ISBN 978-3-86393-113-1

Auch als E-Book erhältlich, ISBN 978-3-86393-569-6

Informationen zu unserem Verlagsprogramm finden Sie im Internet unter
www.europaeische-verlagsanstalt.de

Inhalt

Alexander v. Brünneck
Der Doppelstaat von Ernst Fraenkel

1. Leben und Werk Ernst Fraenkels 9
2. These und Ansatz des Doppelstaates 11
3. Der Urdoppelstaat von 1938 13
4. Der Dual State von 1941 16
5. Der Doppelstaat von 1974 18

Anmerkungen 22

Horst Dreier
Was ist doppelt am „Doppelstaat"?

I. Zur Geschichte des Buches 29
II. Zur Rezeption des Doppelstaates 31
III. Doppelstaat als Dualismus von Partei und Staat? 32
IV. Der Doppelstaat in der Definition Ernst Fraenkels 36
V. Phänomenologie des Maßnahmenstaates 37
VI. Das Verhältnis zum Normenstaat 55
VII. Resümee 61
Anmerkungen 63

Michael Wildt
Die politische Ordnung der Volksgemeinschaft

Ernst Fraenkels *Doppelstaat* reconsidered 81
Kollektive Demokratie 84
Normen- und Maßnahmenstaat 90
Der Ausnahmezustand als Ordnung 96
Grenzen der Volksgemeinschaft 103
Anmerkungen 109

Alexander v. Brünneck

Der Doppelstaat von Ernst Fraenkel

Ein Überblick

1. Leben und Werk Ernst Fraenkels

Ernst Fraenkel (1898–1975) gehört zu den wichtigsten deutschen Politikwissenschaftlern. Er schrieb bis heute grundlegende Arbeiten zu vier politischen Systemen: über die Weimarer Republik, über den Nationalsozialismus, über die USA und über die Bundesrepublik Deutschland. Alle seine Schriften entstanden aus der unmittelbaren Anschauung eines theoretisch gebildeten, praktisch engagierten und politisch sensiblen Zeitgenossen. Fraenkels Gesammelte Schriften erschienen 1999 bis 2011 als Gesamtausgabe in sechs Bänden. Sein Leben wurde 2009 umfassend dargestellt von Simone Ladwig-Winters.[1]

Fraenkel promovierte 1923 in Frankfurt am Main bei Hugo Sinzheimer, einem der Begründer des deutschen Arbeitsrechts. 1927 wurde er Anwalt in Berlin. Er war Syndikus des Deutschen Metallarbeiter-Verbandes und vertrat die SPD in öffentlich-rechtlichen Streitigkeiten. In vielen Publikationen stritt er leidenschaftlich für die Erhaltung der Demokratie der Weimarer Republik.[2] In einer dieser Veröffentlichungen formulierte Fraenkel als erster Autor das Konzept des konstruktiven Mißtrauensvotums, das 1949 in Art. 67 GG geltendes Verfassungsrecht wurde.

Die Nationalsozialisten beließen Fraenkel wegen seiner freiwilligen Teilnahme am ersten Weltkrieg – in immer beschränkterem Umfang – die Möglichkeit zur Ausübung des Rechtsanwaltsberufes. Er vertrat Gegner des Regimes und beteiligte sich an der Widerstandsarbeit des »Internationalen Sozialistischen Kampfbundes (ISK)«. Für dessen in Paris erscheinende Zeitschrift »Sozialistische Warte« schrieb er sechs Artikel, die z. T. in Deutschland als Flugblätter verteilt wurden. Rechtzeitig gewarnt floh Fraenkel am 20. September 1938 aus Berlin in die USA. Das bleibende Ergebnis seiner Auseinandersetzung mit dem Nationalsozialismus ist sein Buch »Der Doppelstaat[3]«.

Von 1939 bis 1941 absolvierte Fraenkel ein Studium des amerikanischen Rechts an der Law School der University of Chicago. Während des Krieges publizierte er in den USA zwei Bücher: die englische Fassung des »Doppelstaats« unter dem Titel »The Dual State«[4] und die im Blick auf die bevorstehende Besetzung Deutschlands verfaßte Studie »Military Occupation and the Rule of Law«.[5] Von 1945 bis 1950 arbeitete Fraenkel als Rechtsberater bei amerikanischen Behörden in Korea.[6]

1951 kehrte Fraenkel nach Deutschland zurück. Seitdem lehrte er Politikwissenschaft am späteren Otto-Suhr-Institut der Freien Universität Berlin. Über zwanzig Jahre lang entwickelte er eine ungewöhnlich erfolgreiche Publikations- und Vortragstätigkeit zu zentralen Themen der Politikwissenschaft: In umfangreichen Amerikastudien vermittelte er der deutschen Öffentlichkeit die Prinzipien, Institutionen und Verfahren der amerikanischen Demokratie.[7] Grundlegend für das Selbstverständnis der deutschen Demokratie wurden seine verbreiteten Arbeiten zur Theorie und Verfassung des Pluralismus. Sein zuerst 1964 publizierter Sammelband »Deutschland und die westlichen Demokratien« erschien in neun Auflagen.[8] Fraenkels Pluralismusstudien bilden bis heute einen zentralen Bezugspunkt für die Debatten über die Konkretisierung des Demokratiegebotes des Grundgesetzes. In allen seinen neueren Arbeiten kam es Fraenkel entscheidend darauf an, Deutschland in den Kreis der westlichen Demokratien einzuführen, als deren Gegenbild er den Doppelstaat der NS-Zeit erlebt und erlitten hatte.

2. These und Ansatz des Doppelstaates

Die These des Doppelstaates[9] ist, daß das nationalsozialistische Herrschaftssystem in zwei große Bereiche zerfällt: Im Normenstaat gelten alte und neue Vorschriften in dem Umfang, wie es zur Funktionsfähigkeit des auf Berechenbarkeit angelegten, im Prinzip weiter privatkapitalistisch strukturierten Wirtschaftssystems erforderlich ist. Im Maßnahmenstaat handeln die nationalsozialistischen Funktionsträger unabhängig von allen formalen Regeln und inhaltlichen Gerechtigkeitsvorstellungen so, wie es ihnen zur Erhaltung ihrer Macht und zur Durchsetzung ihrer spezifischen politischen Ziele – z.B. der Judenverfolgung – zweckmäßig scheint. Im Zweifel setzen sich die Prinzipien des Maßnahmenstaates gegen die des Normenstaates durch. Dieser Bezugsrahmen hat sich in vielen empirischen und theoretischen Studien als plausibel erwiesen.[10]

Das Spezifische des Ansatzes von Fraenkel besteht in der besonderen Form seines empirischen Zuganges: Er beschreibt die Funktionsweise des nationalsozialistischen Herrschaftssystems aus der unmittelbaren Anschauung eines Mitlebenden und Mitleidenden. Er greift aus der Fülle der politischen, administrativen und judikativen Vorgänge die typischen Beispiele heraus, wie sie nur einem wissenschaftlich und praktisch erfahrenen Autor erkennbar sind. Die von ihm ausgewählten Fälle und Tatsachen analysiert er exemplarisch im Hinblick auf ihre verallgemeinerungsfähigen Hintergründe und Konsequenzen.

Das Phänomen des Doppelstaates erklärt Fraenkel auf mehreren Ebenen: Er leitet den Doppelstaat aus sozialen, ökonomischen und politischen Interessenlagen ab. Er entwickelt den Doppelstaat aus der deutschen Staatstradition und aus den deutschen antidemokratischen Ideologien, wie sie maßgeblich bei Carl Schmitt ihren Ausdruck gefunden hatten.

Der Ansatz der Argumentation im Doppelstaat hebt sich deutlich von der Pluralismustheorie ab, die Fraenkel im Kern schon vor 1933, in ausgearbeiteter Form nach 1960 vertrat. Das ist jedoch keine theoretische Inkonsequenz, sondern notwendiger Ausdruck der unterschiedlichen Problemlagen. Der Pluralismus ist bei Fraenkel ein normatives Konzept zur Ausfüllung der Demokratiegebote der Weimarer Verfassung und des Grundgesetzes. In diesen Kategorien konnte der Nationalsozialismus nicht erfaßt werden. Im Doppelstaat ging es darum, die Erscheinungsformen und Gründe für die Vernichtung des Pluralismus zu untersuchen. Für diese Fragestellung liefert der im Doppelstaat entwickelte Ansatz ein bis heute gültiges originäres Konzept.

Ernst Fraenkels Doppelstaat ist ein Standardwerk über die Politik, die Justiz und das Recht im Nationalsozialismus. In den USA, in Großbritannien, in Deutschland und Italien erlangte der Doppelstaat den Rang eines Klassikers in der Literatur über die nationalsozialistische Epoche.

3. Der Urdoppelstaat von 1938

Die erste Fassung des Doppelstaates schrieb Fraenkel in Berlin in den Jahren 1936 bis 1938 unter den demütigenden Umständen, die ihm als Juden und bekannten sozialdemokratischen Gegner des Regimes auferlegt wurden.[11] Er bezeichnete das 1938 abgeschlossene Manuskript selbst als den Urdoppelstaat.[12] Veröffentlicht wurde der Urdoppelstaat von 1938 erstmals 1999 in Ernst Fraenkels Gesammelten Schriften, Bd. 2, S. 267 bis 473.[13]

Wie Fraenkel selbst bemerkte,[14] beruht die Argumentation des Urdoppelstaates ganz wesentlich auf den Erfahrungen seiner Anwaltstätigkeit von 1933 bis 1938.[15] Fraenkel verstand die heimliche und mühevolle Ausarbeitung des Urdoppelstaates nicht nur als wissenschaftliche, sondern auch als politische Aufgabe. Das Buch sollte die damals in Deutschland verbreiteten Illusionen über die Möglichkeiten einer jedenfalls teilweisen Erhaltung des herkömmlichen Rechtssystems bekämpfen. Es sollte den hinter der Aufrechterhaltung traditioneller Fassaden verborgenen wahren Charakter des Regimes entschleiern.

Im formalen Aufbau und in der Gliederung bildet der Urdoppelstaat von 1938 weitgehend die Vorlage für die als Bücher publizierten Fassungen des *Dual State* von 1941 und des *Doppelstaates* von 1974. Im Vergleich mit dem Doppelstaat von 1941/74 ist der Urdoppelstaat leidenschaftlicher, in den Formulierungen pointierter, in den Schlußfolgerungen zugespitzter. Man merkt der Urfassung noch deutlicher als den späteren Fassungen an, daß sie Fraenkel unter dem übermächtigen Druck der »bürokratisierten Rechtlosigkeit« niedergeschrieben hatte, wie er seine damaligen Lebensbedingungen in der Widmung des Doppelstaates an seine Frau Hanna Fraenkel, geb. Pickel, im Jahre 1974 charakterisierte.[16] In der Sprache und der Begrifflichkeit des Urdoppelstaates schlägt sich noch mehr als in der Fassung von 1941/74 das Bemühen Fraenkels nieder, den Zeitgenossen die Augen über das Regime zu öffnen und einen eigenen Beitrag zum Widerstand gegen das Unrecht zu leisten.

Vor allem ist hervorzuheben: Der Urdoppelstaat von 1938 ist ein singuläres historisches Dokument. Er ist – was bisher in der Literatur nicht bemerkt wurde – die einzige innerhalb Deutschlands während der nationalsozialistischen Zeit ausgearbeitete umfassende kritische Analyse des Regimes.[17] Nur Fraenkel selbst wies darauf hin, daß der Urdoppelstaat »die einzige wissenschaftliche Untersuchung ist, die in der ›inneren Emigration‹ entstanden ist«.[18]

Der Urdoppelstaat ist ein Beleg dafür, daß es bis 1938 in Deutschland möglich war, anhand der allgemein zugänglichen Informationen das nationalsozialistische Herrschaftssystem empirisch zu untersuchen und es in praktisch-politischer Absicht theoretisch zu analysieren. Der Urdoppelstaat zeigt, daß es auch unter den Bedingungen des Nationalsozialismus die Möglichkeit gab, auf rechts- und sozialwissenschaftlichem Gebiet unabhängig zu arbeiten. – Aber niemand außer Ernst Fraenkel schrieb ein vergleichbares Werk.

4. Der Dual State von 1941

Es gelang Fraenkel, das Manuskript des Urdoppelstaates von 1938 in französischem Diplomatengepäck aus Deutschland ins westliche Ausland bringen zu lassen. Nach seiner Flucht am 20. September 1938 aus Berlin in die USA arbeitete Fraenkel das Manuskript für eine englische Übersetzung um. Weil das Buch jetzt nicht mehr für deutsche Leser, sondern für die amerikanische und englische Öffentlichkeit bestimmt war, trat der Charakter einer wissenschaftlichen Analyse des nationalsozialistischen Herrschaftssystems stärker hervor. Viele Passagen wurden abgemildert oder ergänzt. Neue Gedankengänge wurden eingefügt, die dem angelsächsischen Leser das Verständnis erleichtern sollten. Um die englische Übersetzung des Begriffes Maßnahmenstaat in »Prerogative State« plausibel zu machen, fügte Fraenkel z. B. eine Abgrenzung zum Begriff der »Prerogative« bei John Locke ein[19]. Durch diese Überarbeitung gewann der Doppelstaat an analytischer Schärfe und Überzeugungskraft.

Die englische Übersetzung von E. A. Shils erschien um die Jahreswende 1940/41 unter dem Titel »The Dual State« in der Oxford University Press, New York. Der Dual State fand sofort große Aufmerksamkeit in der amerikanischen und englischen Öffentlichkeit.[20]

Bereits 1942 veröffentlichte Franz Neumann in New York mit dem »Behemoth« die zweite große

Analyse des nationalsozialistischen Herrschaftssystems. Er widersprach darin offen der zentralen These des Doppelstaates.[21] Über den »Behemoth« publizierte Ernst Fraenkel 1942 eine Rezension, in der er sich Franz Neumanns theoretischem Ansatz weithin anschloß.[22]

Aus heutiger Sicht stellt sich das Verhältnis zwischen »Dual State« und »Behemoth« so dar: Während sich die Untersuchung Fraenkels auf die Zeit bis 1938 beschränkt, steht bei Franz Neumann das Dritte Reich der unmittelbaren Vorkriegs- und der Kriegszeit im Mittelpunkt. Man kann den Behemoth als historische Fortentwicklung des Doppelstaates verstehen. Unter dem Eindruck der Vorbereitung und Durchführung des Krieges erweiterte sich der Maßnahmenstaat zu dem alles verschlingenden Unstaat, den Franz Neumann mit dem Namen des alttestamentarischen Ungeheuers Behemoth kennzeichnete. Die beiden großen Bücher der Freunde[23] Ernst Fraenkel und Franz Neumann über den Nationalsozialismus stehen nicht in einem unauflösbaren Gegensatz. Sie ergänzen sich, weil sie unterschiedliche Entwicklungsphasen des Regimes analysieren.

Der Doppelstaat war in seiner englischen Fassung nach 1945 nur in wenigen Exemplaren in Deutschland verfügbar, die meist nur mit Schwierigkeiten über die Fernleihe zu beschaffen waren. Die erste Rezension des Dual State in einer deutschen Fachzeitschrift erschien 1969 in der Kritischen Justiz; die erste Besprechung in der deutschen Presse war ein Artikel von Helmut Ridder 1970 in der ZEIT.[24] Unter diesen Umständen blieb die Rezeption des Doppelstaates zunächst begrenzt. Karl Dietrich Bracher z. B. bezeichnete in seinem zuerst 1969 erschienenen Standardwerk »Die deutsche Diktatur« Ernst Fraenkels Doppelstaat zwar – in einer Fußnote – als »grundlegend«, setzte sich damit aber nicht inhaltlich auseinander.[25] In entsprechender Weise erwähnte das ebenfalls zuerst 1969 erschienene, weitverbreitete Taschenbuch von Martin Broszat »Der Staat Hitlers« den Doppelstaat lediglich an einer Stelle.[26]

5. Der Doppelstaat von 1974

Fraenkel befaßte sich nach seiner Rückkehr nach Deutschland im Jahre 1951 nur noch am Rande seiner umfassenden wissenschaftlichen Tätigkeit mit dem Nationalsozialismus. Seit den sechziger Jahren schlugen ihm viele Kollegen und mehrere Verlage eine deutsche Ausgabe des Doppelstaates vor.[27] Er sträubte sich lange Zeit dagegen. Möglicherweise fürchtete er, daß aus den historischen und theoretischen Teilen des Doppelstaates, insbesondere aus seiner Kapitalismuskritik, Einwände gegen die von ihm seit Ende der fünfziger Jahre entwickelte Pluralismus-Konzeption abgeleitet werden könnten. Vor allem scheute er die Wiederbegegnung mit der nationalsozialistischen Epoche, unter der er so gelitten hatte.

Nachdem 1969 ein unveränderter Nachdruck des *Dual State* bei Octagon Books, New York, erschienen war, vereinbarte Fraenkel auf vielfaches Drängen 1971 mit der Europäischen Verlagsanstalt in Frankfurt am Main eine deutsche Ausgabe des Doppelstaates. Da die deutsche Vorlage für die Übersetzung ins Englische von 1940 nicht erhalten war, mußte eine Rückübersetzung des englischen Textes angefertigt werden. Fraenkel wollte diese Aufgabe auf keinen Fall selbst übernehmen, wie er in einem Brief vom 8. April 1970 schrieb:

»Von einem können Sie mich nicht abbringen: ich werde diese Übersetzung nicht selber vornehmen. Dies ist nicht nur ein Zeit-, sondern auch ein seelisches Problem. Ich habe mehr als 5 Jahre unter dem Naziregime in Berlin als Anwalt praktiziert und ich habe mir, was ich damals auf dem Herzen hatte, im Doppelstaat aus der Seele geschrieben. Als der Krieg ausbrach, habe ich einen Strich unter meine bisherige Beschäftigung mit dem Dritten Reich gezogen und in den verflossenen drei Jahrzehnten nichts mehr über diesen Fragenkomplex veröffentlicht und auch nicht über Nationalsozialismus gelesen. Ich glaube, durch Abfassung des Dual State das meine zur theoretischen Klärung dieses Problemkreises beigetragen zu haben, ich habe die einschlägige Literatur bis zum physischen Ekel gelesen und kann es nicht über mich bringen, nochmals in diese ›Materie‹

hineinzusteigen. Dies wäre aber unvermeidlich, wenn ich die Übersetzung vornähme oder auch nur maßgeblich an ihr beteiligt wäre.«[28]

Es gelang schließlich, für die Übersetzung die damalige Studienrätin Manuela Schöps zu gewinnen, die am Otto-Suhr-Institut bei Fraenkel studiert hatte und mit seinem Werk und seiner Denkweise vertraut war. Je mehr die Übersetzung voranschritt, desto mehr befaßte sich Fraenkel wieder selbst mit dem Doppelstaat. Er redigierte schließlich den gesamten Text sehr sorgfältig. Bis zur Überprüfung vieler Anmerkungen wirkte er an allen Detailproblemen der Erstellung der deutschen Fassung mit.

Inhaltlich nahm Fraenkel nur geringe Veränderungen der englischen Vorlage vor. Er strich insbesondere die oben erwähnten Ausführungen über die »Prerogative« bei Locke, weil er meinte, daß sie für den deutschen Leser nicht nachvollziehbar seien. Einige Literaturnachweise stellte Fraenkel auf neuere, leichter zugängliche Ausgaben um. Mehrere Anmerkungen wurden durch neuere Literaturangaben ergänzt, andere entfielen, weil sie für den deutschen Leser überflüssige Nachweise enthielten.

Die – oft von Krankheitsperioden unterbrochene – intensive Beschäftigung mit der deutschen Ausgabe des Doppelstaates wurde zu Fraenkels letzter großer wissenschaftlicher Aufgabe. Je mehr er wieder an dem Doppelstaat arbeitete, desto mehr sah er darin ein Kernstück seines wissenschaftlichen Vermächtnisses. Drei Monate, nachdem der Doppelstaat im Dezember 1974 auf deutsch erschienen war, starb Fraenkel am 28. März 1975 in Berlin.

Die deutsche Fassung des Doppelstaates fand große Verbreitung und Anerkennung. Die Begriffe Doppelstaat, Normenstaat und Maßnahmenstaat wurden nach 1974 in der wissenschaftlichen Literatur über den Nationalsozialismus umfassend rezipiert. Das Bundessozialgericht übernahm Fraenkels Begrifflichkeit in einem Grundsatzurteil vom 11. Sept. 1991, in dem es die Todesurteilspraxis der Wehrmachtsgerichte dem Maßnahmenstaat zuordnete.[29]

Eine italienische Übersetzung erschien unter dem Titel »Il doppio Stato« mit einer Einführung von Noberto Bobbio 1983 in Turin bei Einaudi.[30]

Eine neue Ausgabe der englischen Fassung von 1941 erschien 2017 bei Oxford University Press.[31] Herausgeber Jens Meierhenrich behandelt im Vorwort »An Ethnography of Nazi Law: The Intellectual Foundations of Ernst Fraenkel's Theory of Dictatorship« auch die Rezeption des »Dual State« in der englischen und amerikanischen Literatur.

Eine auf neue Quellen gestützte Untersuchung zu Fraenkels Tätigkeiten in Berlin zwischen 1933 und 1938 als einfallsreicher Rechtsanwalt, mutiger Gegner des Regimes und theoretisch gebildeter Autor engagierter publizistischer und wissenschaftlicher Schriften veröffentlichte Douglas G. Morris 2020 bei Cambridge University Press.[32]

Anmerkungen

1 Ernst Fraenkel, Gesammelte Schriften, hrsg. v. Alexander v. Brünneck, Hubertus Buchstein, Gerhard Göhler, Bd. 1 bis 6, Baden-Baden 1999-2011; Simone Ladwig-Winters, Ernst Fraenkel – Ein politisches Leben, Frankfurt/New York 2009; dazu Hubertus Buchstein/Gerhard Göhler (Hrsg.), Vom Sozialismus zum Pluralismus, Beiträge zu Werk und Leben Ernst Fraenkels, Baden-Baden 2000.

2 Ernst Fraenkel, Gesammelte Schriften, Bd. 1, Recht und Politik in der Weimarer Republik, hrsg. v. Hubertus Buchstein unter Mitarbeit von Rainer Kühn, Baden-Baden 1999.

3 Neueste separate Ausgabe: Ernst Fraenkel, Der Doppelstaat, 4. Aufl., Mit einem Nachwort von Horst Dreier, Hamburg 2019; zuvor mit allen Schriften Fraenkels zur Thematik in: Ernst Fraenkel, Gesammelte Schriften, Bd. 2, Nationalsozialismus und Widerstand, hrsg. v. Alexander v. Brünneck, Baden-Baden 1999.

4 Ernst Fraenkel, The Dual State, A Contribution to the Theory of Dictatorship, New York 1941, Reprinted New York 1969 und 2017.

5 Ernst Fraenkel, Military Occupation and the Rule of Law, Occupation Government in the Rhineland, 1918-1923, London/New York/Toronto 1944.

6 Ernst Fraenkel, Gesammelte Schriften, Bd. 3, Neuaufbau der Demokratie in Deutschland und Korea, hrsg. v. Gerhard Göhler unter Mitarbeit von Dirk Rüdiger Schumann, Baden-Baden 1999.

7 Ernst Fraenkel, Gesammelte Schriften, Bd. 4, Amerikastudien, hrsg. v. Hubertus Buchstein und Rainer Kühn unter Mitarbeit von Cord Arendes und Peter Kuleßa, Baden-Baden 2000.

8 Neueste separate Ausgabe: Ernst Fraenkel, Deutschland und die westlichen Demokratien, 9. erweiterte Auflage, herausgegeben und eingeleitet von Alexander v. Brünneck, Baden-Baden 2011; zuvor mit allen Schriften Fraenkels zur Thematik in: Ernst Fraenkel, Gesammelte Schriften, Bd. 5, Demokratie und Pluralismus, hrsg. v. Alexander v. Brünneck, Baden-Baden 2007.

9 Die folgenden Ausführungen beruhen auf dem Vorwort des Herausgebers zu Ernst Fraenkel, Gesammelte Schriften, Bd. 2 (Fn. 3), S. 8-22.

10 So exemplarisch die Besprechung des Doppelstaates von Michael Stolleis, Juristenzeitung 1984, S. 1096 f.

11 Dazu Ernst Fraenkel, Der Doppelstaat (Fn. 3), S. 41.

12 Dazu Ernst Fraenkel, Der Doppelstaat (Fn. 3), S. 39.

13 Weitere Einzelheiten zum Urdoppelstaat vgl. das Vorwort des Herausgebers zu Ernst Fraenkel, Gesammelte Schriften, Bd. 2 (Fn. 3), S. 13-22.

14 Dazu Ernst Fraenkel, Der Doppelstaat (Fn. 3), S. 41.

15 Zu Fraenkels Anwaltstätigkeit 1933 bis 1938: Vgl. die Personalakten des Preußischen Justizministeriums und des Reichsjustizministeriums betreffend Dr. Ernst Fraenkel, 1924 ff., Bundesarchiv (Dahlwitz-Hoppegarten) R 022/056082. Stefan König, Vom Dienst am Recht, Rechtsanwälte als Strafverteidiger im Nationalsozialismus, Berlin/New York 1987, S. 53, 85/6, 91, 97/8, 113; Tillmann Krach, Wie Ernst Fraenkel 1934 dem Berufsverbot entging, Recht und Politik 1991, S. 52-55; Tillmann Krach, Jüdische Rechtsanwälte in Preußen, Über die Bedeutung der freien Advokatur und ihre Zerstörung durch den Nationalsozialismus, München 1991, bes. S. 254-256, 351-353; Tillmann Krach, Strafverteidigung durch jüdische Rechtsanwälte in der NS-Zeit, NJW 1995, S. 1384-1390; Simone Ladwig-Winters, Anwalt ohne Recht – Das Schicksal jüdischer Rechtsanwälte in Berlin nach 1933, Berlin 1998, bes. S. 39-41, 80/81, 125.

16 Ernst Fraenkel, Der Doppelstaat (Fn. 3). Die Widmung lautet: »Meiner Frau, ohne deren hingebungsvolle Fürsorge und unermüdliche Ermutigung dieses Buch nicht entstanden wäre, in Erinnerung an die gemeinsam erlebten, schweren Jahre der bürokratisierten Rechtlosigkeit. E. Fr.«

17 Die Untersuchung von Sebastian Haffner, Germany: Jekyll & Hyde 1939 – Deutschland von innen betrachtet, übersetzt aus dem Englischen von Kurt Baudisch, Berlin 1996, ist ebenfalls »ein herausragendes Dokument« (Hans Mommsen, Besprechung des Buches in der Frankfurter Allgemeinen Zeitung vom 7. November 1997). Haffner verfaßte diese Untersuchung aber erst nach seiner 1938 erfolgten Emigration aus Deutschland im Winter 1939/40 in England.

18 Brief Ernst Fraenkels an Dr. Benseler vom 18.9.1969, Bundesarchiv, N 1274, Bd. 97.

19 Ernst Fraenkel, The Dual State, A Contribution to the Theory of Dictatorship, New York 1941, Reprinted New York 1969, p. 66/7.

20 Vgl. die Nachweise von elf Rezensionen in der Tagespresse und in Fachzeitschriften in: Book Review Digest 1941, S. 318; sowie die dort nicht nachgewiesenen Rezensionen von Isabel Paterson, New York Times vom 7. Januar 1941, S. 17 und von Taylor Cole, An Interpretation of the Nazi Regime, The Review of Politics 1941, S. 254-256.

21 Franz Neumann, Behemoth, The Structure and Practice of National Socialism, New York 1942; Neueste Ausgabe: Franz Neumann, Behemoth, Struktur und Praxis des Nationalsozialismus 1933-1944, Neu herausgegeben von Alfons Söllner und Michael Wildt, Hamburg 2018.

22 Ernst Fraenkel, Gesammelte Schriften, Bd. 2 (Fn.3), S. 576-579.

23 Vgl. die Gedenkrede Ernst Fraenkels auf Franz L. Neumann in: Ernst Fraenkel, Gesammelte Schriften, Bd. 6, Internationale Politik und Völkerrecht, Politikwissenschaft und Hochschulpolitik, hrsg. v. Hubertus Buchstein und Klaus-Gert Lutterbeck, Baden-Baden 2011, S. 362-373.

24 Rezension des Verfassers, Kritische Justiz 1969, S. 319-321; Helmut Ridder, DIE ZEIT vom 12.6.1970.

25 Karl Dietrich Bracher, Die deutsche Diktatur, 1. Aufl., Köln 1969, S. 235, Anm. 22.

26 Martin Broszat, Der Staat Hitlers, 1. Aufl., München 1969, S. 404.

27 Zur Vorgeschichte und den Einzelheiten der Entstehung der deutschen Ausgabe des Doppelstaates vgl. den Nachlaß Ernst Fraenkel im Bundesarchiv in Koblenz, N 1274, Bd. 97-98, 153-157.

28 Brief Ernst Fraenkels an den Verfasser, Bundesarchiv, N 1274, Bd. 98.

29 Entscheidungen des Bundessozialgerichts, Bd. 69, S. 211 (216/7).

30 Zur Rezeption Ernst Fraenkels in Italien vgl. Angelo Bolaffi, Dalla »Kollektive Demokratie« al doppio Stato« nell'analisi di Ernst Fraenkel, »Annali« della Fondazione Giangiacomo Feltrinelli 1983/1984, p. 1065-1091.

31 Ernst Fraenkel, The Dual State, A Contribution to the Theory of Dictatorship, With an Introduction by Jens Meierhenrich, Oxford University Press 2017.

32 Douglas G. Morris, Legal Sabotage, Ernst Fraenkel in Hitler's Germany, Cambridge University Press 2020.

Horst Dreier

Was ist doppelt am „Doppelstaat"?

Zu Rezeption und Bedeutung der klassischen Studie von Ernst Fraenkel

I. Zur Geschichte des Buches

Habent sua fata libelli: Bücher haben ihre Schicksale. Auf Ernst Fraenkels Studie „Der Doppelstaat“[1] trifft das in ganz besonderer Weise zu. Schon ihre Entstehung kann man nur als abenteuerlich bezeichnen. Der Autor, ein jüdischer Anwalt, verfaßt sein Werk unter konspirativen Umständen in den Jahren 1936 bis 1938 mitten in Deutschland, ja mitten in Berlin. In der Preußischen Staatsbibliothek sowie der Bibliothek des Kammergerichts trägt er das Material für sein Buch zusammen, im wesentlichen Gerichtsentscheidungen unterschiedlicher Instanzen der Zivil-, Straf-, Verwaltungs-, Arbeits- und Disziplinargerichtsbarkeit, dazu Aufsätze in Fachzeitschriften, amtliche Publikationen und sonstige einschlägige Literatur. Hieraus formt er seine Analyse der Herrschaftsstruktur des Nationalsozialismus. Um sich nicht verdächtig zu machen, gibt er Unmengen von Bestellungen zu allen möglichen anderen Themen und Sachgebieten auf, in denen dann die für ihn wesentlichen gewissermaßen versteckt untergebracht werden. Mit einigen Freunden spricht er über den Plan einer Publikation. Rechtzeitig vor seiner drohenden Verhaftung gewarnt, flieht er aus Deutschland. Das Manuskript des „Doppelstaates“ wird mit Hilfe eines Beamten der französischen Botschaft im Diplomatengepäck aus der deutschen Hauptstadt nach Paris geschmuggelt[2]. Fraenkel geht in die USA, wo im Jahre 1941 eine umgearbeitete und partiell erweiterte Version unter dem Titel „The Dual State“ erscheint[3].

Nach seiner Rückkehr aus dem Exil nimmt Fraenkel in Berlin als Dozent an der Hochschule für Politik seine Lehrtätigkeit auf und wird 1953 zugleich als ordentlicher Professor an die dortige Freie Universität berufen, in die man 1959 die Hochschule für Politik als Otto-Suhr-Institut eingliedert[4]. Lange Zeit sträubt er sich gegen eine Übersetzung seines nur auf englisch verfügbaren Buches[5], stimmt dann aber doch zu. So wird 1971 ein Verlagsvertrag abgeschlossen, und 1974 erscheint die deutsche Fassung als Rückübersetzung aus dem Englischen[6], zu der Fraenkel ein aufschlußreiches Vorwort beisteuert[7], in dem er insbesondere Alexander von Brünneck für dessen unermüdlichen Einsatz für die Publikation dankt[8]. Drei Monate nach der Publikation stirbt Fraenkel im Alter von 77 Jahren in Berlin. Alexander von Brünneck publiziert dann später als Herausgeber des zweiten Bandes von Ernst Fraenkels *Gesammelten Schriften*[9] zum ersten Mal den Originaltext des Manuskriptes von 1938 unter dem Titel „Der Urdoppelstaat“[10].

II. Zur Rezeption des Doppelstaates

Fraenkels Buch über den Doppelstaat wurde zunächst in Deutschland eher zurückhaltend rezipiert[11]. Das hat sich in der Zwischenzeit durchgreifend geändert – und dem Erscheinen der deutschen Ausgabe kommt dafür die denkbar größte Bedeutung zu. „Doppelstaat“ ist ein weit verbreiteter Begriff geworden, der in allgemeineren historischen Darstellungen[12] ebenso begegnet wie in der Spezialliteratur[13], in Werken der Rechts- und Verfassungsgeschichte[14] wie in noch viel weiter ausgreifenden Gesamtdarstellungen des Rechts[15] und schließlich auch in politikwissenschaftlichen Arbeiten[16]. Nur bei staatsrechtlichen Standardwerken ist fast durchweg Fehlanzeige zu vermelden[17]. Dessen ungeachtet handelt es sich heutzutage um einen ganz geläufigen Terminus, ein *catchword*, mit dem man sich rasch auch über Disziplingrenzen hinweg verständlich machen kann. Als allgemein konsentiert darf gelten, daß Fraenkel mit seiner Studie „die erste große theoretische, empirisch fundierte Analyse des nationalsozialistischen Herrschaftssystems“ entwickelt hat, daß es sich um „ein Standardwerk über die Politik, die Justiz und das Recht des Nationalsozialismus handelt“, dem der „Rang eines Klassikers in der Literatur über die nationalsozialistische Epoche“ zukommt[18]. Aber wie das bei Klassikern[19] des öfteren so ist: immer seltener werden sie noch genau gelesen, dafür eher pauschal rezipiert und partiell auch als Beleg für Konstellationen genommen, für die sie gar nicht konzipiert waren. So steht in einer gewissen Spannung zur Verbreitung des Doppelstaates und seiner allseits hervorgehobenen analytischen Kraft der Umstand, daß das Konzept des titelgebenden „Doppelten" nicht immer ganz klar und schon gar nicht immer ganz einheitlich gefasst wird. Teils wirken die Umschreibungen beim Rekurs auf Fraenkel eher unspezifisch-verwaschen, teils beläßt man es bei sehr allgemeinen Referenzbezeugungen, teils ähnelt die Bezugnahme eher einer Assoziation als dem Rückgriff auf ein klar profiliertes analytisches Konzept[20].

Daher sei an dieser Stelle etwas näher der Frage nachgegangen, was eigentlich genau das Doppelte in Ernst Fraenkels „Doppelstaat" ausmacht.

III. Doppelstaat als Dualismus von Partei und Staat?

Beim alleinigen Blick auf den Titel des Werkes könnte sich zwanglos eine Deutung nahelegen, mit Doppelstaat sei im Sinne einer Verdoppelung von Herrschaftsstrukturen das Nebeneinander von Staat und Partei im NS-Regime gemeint. Prominente Stimmen haben sich genau in diesem Sinne auf Fraenkel bezogen[21]. Daß es sich bei dem Verhältnis von Partei und Staat im NS-Regime auch und gerade aus staatsrechtlicher Perspektive um eines seiner ganz wesentlichen Charakteristika handelte, unterliegt längst keinem Zweifel mehr[22]. Es zählt zu den besonderen, den Nationalsozialismus vom italienischen Faschismus unterscheidenden Merkmalen, daß in Deutschland die Partei resp. die Bewegung den Staat nicht lediglich erobern und letztlich in ihm aufgehen wollte, sondern selbständig neben ihm etabliert wurde. Die Partei war dem Staat nicht unter-, sondern gleichgeordnet. Auch griff man nicht zum Mittel einer durchgängigen Verschmelzung von Ämtern und Positionen. Die Funktionsträger der Partei blieben Hoheitsträger eigener Art, so daß es zu einer „eigentümlichen Doppelung des politischen Hoheitsaufbaus" (Ulrich Scheuner 1941) kam. Das zog zahlreiche Koordinations- und Zuständigkeitsprobleme nach sich. Zusammen mit der ebenfalls ständig wachsenden Zahl an Spezialbehörden und -dienststellen, Sonderbevollmächtigten und Reichskommissaren führte das zur vielzitierten „nationalsozialistischen Polykratie", also zur oft und eindringlich analysierten Zerfaserung der Herrschaftsstrukturen des NS-Regimes, zu Kompetenzwirrwarr und Doppelhierarchien.

Indes: diesen Dualismus von Partei und Staat meint Fraenkel mit seinem Konzept des Doppelstaates nicht. Und weil ihm das so wichtig ist, stellt er es in seinem Vorwort zur deutschen Ausgabe deutlich heraus:

> „Um Mißverständnisse auszuschalten, möchte ich bereits hier ausdrücklich betonen, daß ich nicht das Nebeneinander von Staats- und Parteibürokratie im Auge habe, wenn ich von ‚Doppelstaat' spreche. Ich messe diesem neuen Phänomen keine überragende Bedeutung bei. [...] Wenn ich im folgenden vom ‚Staat' rede, verwende ich den Begriff im weiteren Sinne des Wortes als Bezeichnung für den gesamten öffentlichen Apparat, der aus dem Staat im engeren Sinne und der Partei einschließlich ihrer Hilfs- und Nebenorganisationen besteht. [...] Um das Verständnis der überragend wichtigen Unterscheidung von Normen- und Maßnahmenstaat im Gesamtgefüge des nationalsozialistischen Doppelstaats zu erleichtern, glaube ich berechtigt zu sein, die weniger wichtige Unterscheidung zwischen Staat und Partei zu vernachlässigen."[23]

Die Gründe für diese Ablehnung liegen sicher zum einen im von Fraenkel angesprochenen Selbstbild des NS-Regimes, das gerade auf die Eigenständigkeit der Bewegung größten Wert legte[24]. Sein wiederholtes Insistieren darauf, daß sowohl Partei als auch Staat zum Maßnahmenstaat gehören[25], kann aber durchaus auch als „Kritik an jedweder beschönigenden Teilung in eine reine, unschuldig gebliebene Bürokratie auf der einen und eine Staat und Recht zerstörende Nazi-

Bewegung auf der anderen Seite“ zu lesen sein[26]: als Vereitelung der Möglichkeit für die staatliche Bürokratie (einschließlich der Gerichte), sich sozusagen von der Verantwortung für die Vernichtung des Rechtsstaates reinzuwaschen[27]. Wäre der Maßnahmenstaat identisch mit den neuen, regimespezifischen Phänomenen von SA, SS und Gestapo, von Gauleitern und Parteibonzen, dann stünde die alte staatliche Bürokratie unter Einschluß der Gerichte gleichsam als Relikt eines im Grunde sauberen und nicht weiter affizierten Behörden- und Gerichtsapparates dar. Daß davon im Gegensatz zu einer insbesondere in der Nachkriegszeit gern gepflegten Legende keine Rede sein kann, ist heute durch eine überaus detaillierte und gründliche Forschung vielfach belegt[28].

Natürlich bedeutet dies alles nicht, daß sich nicht ein Konzept des Doppelstaates entwickeln ließe, welches sich auf die Doppelstruktur von Partei und Staat im Dritten Reich bezieht. Nur kann man sich dafür nicht auf Fraenkel berufen[29]. Insofern gehen die oben referierten Bezugnahmen fehl[30]. Und noch einmal eine ganz andere, hier nicht weiter zu verfolgende Frage ist, ob Fraenkel den Charakter des „Bewegungsstaates“ im allgemeinen und den der NSDAP im besonderen treffend analysiert hat[31].

IV. Der Doppelstaat in der Definition Ernst Fraenkels

Das erste Zwischenergebnis lautet: Doppelstaat meint gemäß Fraenkel nicht die Verdoppelung von Strukturen und Herrschaftsinstitutionen, sondern eher eine Art von „Doppelgesichtigkeit“[32] des Systems. Diese Doppelgesichtigkeit hat er mit einer oft zitierten Definition einzufangen und zu präzisieren gesucht, die zunächst rekapituliert sei.

> „Unter ‚Maßnahmenstaat‘ verstehe ich das Herrschaftssystem der unbeschränkten Willkür und Gewalt, das durch keinerlei rechtliche Garantien eingeschränkt ist; unter ‚Normenstaat‘ verstehe ich das Regierungssystem, das mit weitgehenden Herrschaftsbefugnissen zwecks Aufrechterhaltung der Rechtsordnung ausgestattet ist, wie sie in Gesetzen, Gerichtsentscheidungen und Verwaltungsakten der Exekutive zum Ausdruck gelangen.“[33]

Das klingt bei erster Lektüre außerordentlich präzise und trennscharf. Der Unterscheidungscode lautet eindeutig nicht Staat/Partei, sondern scheinbar ebenso eindeutig: rechtlich/nicht rechtlich, oder: legal/illegal[34]. Bei näherem Hinsehen zeigt sich allerdings, daß die Erscheinungsformen des Maßnahmenstaates weitaus komplexer waren bzw. Fraenkel dem Maßnahmenstaat ein breites Spektrum an staatlichen und insbesondere gerichtlichen Entscheidungen zuschlägt, die eben gerade nicht allein durch die faktische Unterminierung oder Derogation staatlich-normativer Prozesse bestimmt sind. Mit jener Differenzierung ist nicht gemeint (um ein anderes, ebenso naheliegendes Mißverständnis auszuräumen), daß im Bereich der politischen Gewalt aktive Institutionen ihrerseits auf gewissen Rechtsgrundlagen beruhten (etwa die Staatspolizei oder die Geheime Staatspolizei [Gestapo])[35]. Vielmehr liegt im folgenden das Augenmerk darauf, daß die Phänomenologie des Maßnahmenstaats bei Zugrundelegung des von Fraenkel ausgebreiteten Fallmaterials sich als durchaus heterogen erweist und sich gerade nicht im Code legal/illegal erschöpft. Vielmehr können zum Maßnahmenstaat auch Gesetze, Gerichtsurteile und Verwaltungsakte gehören, die Fraenkels ‚Definition' zufolge eigentlich dem Normenstaat zuzuschlagen wären.

V. Phänomenologie des Maßnahmenstaates

Tentativ seien daher im folgenden drei verschiedene Erscheinungsformen des Maßnahmenstaates präsentiert: die Konterkarierung des Normenstaates durch offene Illegalität (dazu 1.), die (Selbst-)Restriktion durch Zurücknahme (gerichtlicher) Kontroll- und Überprüfungsmöglichkeiten (dazu 2.); schließlich die Inkorporation der Gerichte in den Maßnahmenstaat (3.).

1. Konterkarierung des Normenstaates

Auf der Hand liegt, daß der Code von legal/illegal (rechtlich/nicht rechtlich) oft ganz unwillkürlich im Zentrum steht, wenn die Figur des Doppelstaates in Diskussionen und Debatten eingeführt wird. Er kann als exemplarisch für den „frivolen Zynismus" gelten, von dem Fraenkel selbst spricht, weil er die „Ko-Existenz von Rechtsordnung und Rechtlosigkeit" gewissermaßen auf den Punkt bringt[36]. Man erfaßt hiermit Vorgänge, in denen die eigentlich vorgesehenen (und weiter bestehenden, also nicht förmlich aufgehobenen oder eingeschränkten) Regeln (etwa für eine strafrechtliche Verurteilung, eine Enteignung oder eine Wohnungskündigung) nicht beachtet werden, ohne daß es dafür wiederum die Möglichkeit einer Ahndung geben würde. Geläufige Beispiele: der im Strafprozeß freigesprochene Angeklagte wird nach dem Gerichtstermin von SS oder Gestapo in ein KZ verfrachtet; das Eigentum jüdischer Bürger wird ohne Einhaltung des dafür vorgesehenen administrativen und gerichtlichen Verfahrens schlicht eingezogen und anderen übertragen; die Wohnung jüdischer Bürger wird von SA-Leuten gewaltsam geräumt und einfach in Beschlag genommen[37]. Maßnahme in diesem Sinn ist eine gesetzlose resp. rechtsgrundlose Einzelaktion, faktisch gedeckt allein durch die allgegenwärtige Überlagerung der eben nicht mehr allgemein weiterbestehenden Normen durch die neue Allgewalt des nationalsozialistischen Systems mit Hitler an der Spitze.

Bei dieser Doppelung von Gewalt und Recht siegt die Rechtlosigkeit über den Rechtsstaat, der nicht nur eigentlich anders handeln würde und müßte, sondern wirklich eine andere Entscheidung trifft oder zumindest vorsieht, aber durch das Vordringen der stärkeren rechtlosen Gewalt gleichsam ausgehebelt wird. Das exemplarische Beispiel fehlt bei Fraenkel nicht, auch wenn man konstatieren muß, daß diese sozusagen prototypische Konstellation von ihm in seinem Buch eher en passant angeführt wird[38]. Unter der recht blassen Abschnittsüberschrift „Das Politische als Objekt des Maßnahmenstaates" heißt es:

> „Das Nebeneinander von gesetzesgebundenen und gesetzesentbundenen Behörden wirkt sich in der Alltagspraxis wie folgt aus: Falls es aus politischen Gründen wünschenswert ist, korrigieren die Polizeibehörden die Entscheidungen der Gerichte, sperren Freigesprochene auf unbestimmte Zeit in Konzentrationslager ein (Fall Niemöller), setzen Zivilurteile außer Kraft und revidieren die Entscheidungen der sozialen Ehrengerichte durch die Gerichtsbarkeit der Deutschen Arbeitsfront. Dieses Nebeneinander von rechtlich begründeten und rein willkürlichen Staatsakten,

> für die die Einweisung Freigesprochener in Konzentrationslager das deutlichste Beispiel darstellt, offenbart den Charakter des Dritten Reichs als Doppelstaat.“[39]

Hier erweist sich der Normenstaat sozusagen als das schwächere Glied, dessen Entscheidungen (bzw. Entscheidungsmöglichkeiten) durch den Maßnahmenstaat unterlaufen oder in ihr Gegenteil verkehrt werden[40]. Das machtlose Recht weicht der rechtlosen Macht, die faktische Maßnahme siegt über die vorgängige rechtliche Entscheidung. In einem Satz: Der Normenstaat wird durch den Maßnahmenstaat konterkariert.

2. Restriktion des Normenstaates

Ein anderes Erscheinungsbild mit anderem Problemzuschnitt ergibt sich, wenn man sich eine zweite Fallgruppe des Maßnahmenstaates ansieht, der Fraenkel sehr viel mehr Raum widmet und mit der er (ohne daß er das so als Fallgruppe herauspräparieren würde) das Kapitel über den Maßnahmenstaat einleitet[41]. In den hier einschlägigen und – verglichen mit der erstgenannten Kategorie – zahlreicheren Fällen geht es nicht um die Vereitelung der Wirkung von rechtlichen Entscheidungen durch die Willkür der Gewalthaber, sondern um die (Selbst-)Restriktion der Gerichte resp. der Staatsanwaltschaft in ihren Entscheidungen. Wenn etwa, um sogleich den ersten Fall zu nennen, der Generalstaatsanwalt in Berlin auf eine

Anfrage des OLG Karlsruhe zum Weiterbestehen der Beschlagnahme von Gewerkschaftsvermögen antwortet, erst müsse hierzu die – gesetzlich nicht vorgesehene – Stellungnahme des Rechtsamts der Deutschen Arbeitsfront eingeholt werden[42], dann wird nicht das Recht des Normenstaates durch Organe des Maßnahmenstaates verdrängt. Vielmehr unterwirft sich eine Institution des Normenstaates, die Generalstaatsanwaltschaft, in vorauseilendem Gehorsam den tatsächlichen oder für gegeben erachteten Machtverhältnissen.

Diese Struktur zeigt sich auch in denjenigen Fällen, die man als Rücknahme gerichtlicher Kontrolle und Akzeptanz der Dominanz politischer Entwicklungen rubrizieren kann, die aber wiederum in rechtsförmiger Gestalt ergehen. Sehr oft spielt dabei eine ausschlaggebende Rolle die Verordnung des Reichspräsidenten zum Schutz von Volk und Staat vom 28. Februar 1933 (sog. Reichstagsbrand-Verordnung), die in ihrem § 1 in beispielloser Weise Grundrechte außer Kraft setzte und deren Einschränkung durch staatliche Maßnahmen ohne weitere Limitierung „auch außerhalb der sonst hierfür bestimmten gesetzlichen Grenzen“ für zulässig erklärte[43]. Diese Verordnung bildete im Grunde bis zum Ende des Dritten Reiches die formelle „Grundlage“ für repressive ungesetzliche Maßnahmen aller Art, so daß man Fraenkels Charakterisierung als „Verfassungsurkunde“ des Dritten Reiches[44] nur zustimmen kann. Was wurde mit ihr nicht alles bewirkt, was mit ihr durch Gerichtsentscheidungen nicht alles gerechtfertigt! Die Gerichte akzeptierten in weitem Umfang die mit der Verordnung (und der auf sie folgenden Umgestaltung der Rechtsordnung des neuen Staates) bewerkstelligte Auf- und Ablösung der Weimarer Reichsverfassung: so etwa die lautlose Beseitigung des in Art. 129 Abs. 3 Satz 3 der Weimarer Reichsverfassung vorgesehenen Rechtes des Beamten auf Einsicht in seine Personalakten, das in den Worten des Preußischen Oberverwaltungsgerichts (PrOVG) „als durch die Verhältnisse überholt anzusehen und ohne ausdrückliche gesetzliche Anordnung außer Kraft getreten" sei[45]; die schrankenlose Weite der Reichstagsbrand-Verordnung, mit der in den Worten des Kammergerichts (KG) „auch alle sonstigen für das Tätigwerden der Polizei auf den angeführten Gebieten gezogenen reichs- und landesgesetzlichen Schranken" beseitigt waren, „soweit es zur Erreichung des mit der Verordnung erstrebten Zieles zweckmäßig und erforderlich ist", wobei die „Frage ihrer Zweckmäßigkeit und Notwendigkeit einer Nachprüfung durch das Gericht nicht unterliegt"[46].

a) Fremdrestriktion

Oft konnten sich die Gerichte hierbei auf eine neue Rechtslage „berufen", die ihnen als eigentlich vorgesehenen Kontroll- und Entscheidungsinstanzen die Hände band, indem die Konstellationen schlicht ihrer Beurteilung entzogen wurden.

Hier bewirkten neue Normen eine Einengung des Handlungsbereichs des Normenstaates (verstanden als Bereich, in dem eine unabhängige Justiz aufgrund allgemein geltender Normen Entscheidungen trifft) durch Exemtion bestimmter Maßnahmen von gerichtlicher Kontrolle. Exemplarisch läßt sich dieser sich immer weiter ausdehnende Prozeß an der Gestapo zeigen. Während die Akte der ordentlichen Polizei verwaltungsgerichtlicher Überprüfung unterlagen, wurde durch Gesetz vom 30. November 1933[47] die Geheime Staatspolizei (Gestapo) als Sonderpolizeibehörde etabliert, für die wegen des geltenden Enumerationsprinzips eine Kontrolle durch die Verwaltungsgerichte nicht möglich war[48]. Später blieb die Beschreitung des Rechtswegs gegen die auf die Reichstagsbrand-Verordnung gestützte Aufenthaltsbeschränkung dann für einen „Missionar“, vermutlich ein Mitglied der Bekennenden Kirche, durch den Landrat trotz offenkundiger Rechtswidrigkeit der Verfügung erfolglos, weil es sich dabei nach Auffassung des Preußischen Oberverwaltungsgerichts materiell um eine Angelegenheit der Gestapo handelte, die gemäß § 7 des am 10. Februar 1936 neugefaßten Gesetzes über die Geheime Staatspolizei[49] einer verwaltungsgerichtlichen Nachprüfung nicht mehr unterlag[50]. Fraenkel zieht die Entscheidungslinien des PrOVG bis zu dessen Grundsatzentscheidung vom November 1938 nach, in der das Gericht fixierte, welche polizeilichen Verwaltungsakte von der gerichtlichen Nachprüfung ausgenommen waren: Danach gehörten gemäß einer nicht rein „formellen" Betrachtung des § 7 des Gesetzes über die Geheime Staatspolizei v. 10. Februar 1936 zusätzlich zu den sonstigen Extensionen auch solche Akte der ordentlichen Polizeibehörden, in denen diese einer (sei es allgemeinen, sei es einzelfallbezogenen) Anordnung der Gestapo als deren Hilfsorgan nachkamen – und dies unabhängig davon, ob es sich materiell um Angelegenheiten der Gestapo handelte oder nicht[51]. Fraenkel resümiert:

> „Die Bedeutung dieser am 10. November 1938 ergangenen Entscheidung liegt darin, daß in ihr die Macht der Gestapo anerkannt wird, ganze Lebensbereiche der Zuständigkeit des Normenstaats zu entziehen"[52].

Ein besonders illustrativer Fall, der zugleich indiziert, daß Fremd- und Selbstrestriktion gewissermaßen fließend ineinander übergehen können, betrifft die Verweigerung der Ausstellung einer Geburtsurkunde für einen jüdischen Rechtsanwalt, der nach 1933 nach Frankreich ausgewandert war und sich in den Worten des Reichsgerichts dadurch „der strafrechtlichen Verfolgung durch die Flucht ins Ausland entzogen" hatte[53]. Ungeachtet einer bestehenden gesetzlichen Verpflichtung legte der Standesbeamte den Antrag der Staatspolizei vor, die die Ausstellung untersagte; daraufhin beschied der Standesbeamte den

Antragsteller abschlägig. Während das angerufene Amtsgericht den Standesbeamten zur Ausfertigung verpflichtete, revidierte das Landgericht die Entscheidung und wurde vom Reichsgericht bestätigt, das sich einerseits auf das bereits erwähnte Gesetz über die Geheime Staatspolizei v. 10. Februar 1936 stützte, aber darüber hinaus ganz allgemein erklärte, es könne nicht

> „Aufgabe der ordentlichen Gerichte sein, zu prüfen und zu bestimmen, welche Verwaltungsmaßnahmen zur Erhaltung der Staatssicherheit erforderlich sind; das zu entscheiden muß vielmehr, wegen des staatspolitischen Charakters der hierbei zu lösenden Fragen, ausschließlich dem pflichtgemäßen Ermessen der mit dem polizeilichen Schutze der Staatssicherheit betrauten Sonderbehörden vorbehalten bleiben, die sonst zu rechter Wahrung dieser öffentlichen Belange gar nicht in der Lage wären und auch allein den nötigen Überblick hierfür haben.“[54]

b) Selbstrestriktion

Während im Fall der Geburtsurkunde wenigstens mit Blick auf das Gesetz über die Gestapo ein gewisser Anteil an Fremdrestriktion geltend gemacht werden kann, demonstrieren einige andere von Fraenkel angeführte Fälle, in welch hohem Maße es zu einer – zuweilen vorauseilenden – Unterwerfung unter die neuen Machtverhältnisse kam. So stellte das Reichsarbeitsgericht zwar (entgegen dem vorangegangenen Urteil des Landesarbeitsgerichts, demzufolge die Prüfung der Zulässigkeit einer Kündigung wegen politischer Unzuverlässigkeit den ordentlichen Gerichten entzogen sei) den Grundsatz auf, daß bei der gerichtlichen Überprüfung einer fristlosen Entlassung eines Gemeindeangestellten aus politischen Gründen, für die ein Gutachten der NSDAP-Kreisleitung ausschlaggebend war, das Gericht „in eigener Verantwortlichkeit und in eigenem Urteil zu den für die Entsch. des Rechtsstreits wesentlichen Fragen Stellung zu nehmen" habe – um dann aber fallentscheidend hinzuzufügen, daß die faktische Bedeutung der Kreisleitung durchaus ausschlaggebend sein könne, weil „auch unberechtigte Vorwürfe, selbst ein unberechtigter Verdacht seitens maßgebender Stellen von so großem Gewicht sein können, daß dadurch allein ein wichtiger Grund zur Entlassung gegeben sein" könne[55].

Das OLG Düsseldorf gab einem Berufungskläger recht, der nach den Feststellungen des Landgerichts ersichtlich unwahre Behauptungen über einen Geschäftskonkurrenten (dessen Geschäft sei „jüdisch") verbreitet und im Berufungsverfahren seine Stellung als Amtswalter der nationalsozialistischen Handwerkerorganisation (NS Hago) herausgestrichen hatte[56]. Das Gericht befand, die Verbreitung der weltanschaulichen Ziele der NSDAP sei Amtspflicht des Berufungsklägers gewesen, und fuhr fort:

> „Eine Amtshandlung verliert diese Eigenschaft [...] auch dann nicht, wenn sie unter irriger Beurteilung des Sachverhaltes oder sogar unter Mißbrauch amtlicher Befugnisse vorgenommen wird. [...] Keinesfalls kann eine solche auf politischem Gebiet liegende Amtsübung von einer vorherigen Prüfung ihrer Rechtmäßigkeit oder gar Sachdienlichkeit durch die Gerichte abhängig gemacht werden."

Auf dieser Linie liegt schließlich die Entscheidung des Reichsdisziplinarhofes zu der Frage, ob sich ein Beamter eines Dienstvergehens schuldig macht, wenn er sich weigert, eine freiwillige Spende für das Winterhilfswerk der NSDAP zu leisten[57]. Das Gericht charakterisierte ihn mit den Worten:

> „Der Angeschuldigte [...] hat seit langer Zeit der völkischen Bewegung angehört. Er ist gegenüber dem nationalsozialistischen Staate nicht feindlich eingestellt, aber ein Eigenbrötler von seltenem Ausmaß."[58]

Der Beamte hatte sich darauf berufen, die „Linderung der Not von Volksgenossen [...] nach eigenem Ermessen und im Rahmen seiner Kräfte" vorgenommen zu haben; die Nichtleistung einer freiwilligen Spende für das Winterhilfswerk könne keine nachteiligen Folgen für ihn haben. Der Reichsdisziplinarhof sah das anders: Der Angeklagte habe

> „noch heute eine Vorstellung von seiner Freiheit in der krassesten Form liberalistischer Auffassung. [...] Er hat die Beteiligung am Gemeinschaftswerk abgelehnt, weil er zeigen will, daß ihn als freien Mann niemand zwingen könne, also in verwerflicher Ausnützung der Freiheit, die ihm der Führer im Vertrauen auf die deutsche Seele gelassen hat“[59].

Das wurde mit Strafversetzung und 200 RM Geldstrafe geahndet.

Im Grunde geht es bei diesen Beispielsfällen darum, freie Hand für die Exekutive zu schaffen, was sich – nota bene – in rechtsförmlicher Gestalt (und eben anders als in der ersten Kategorie nicht durch nackte Gewalt) vollzieht. Durch das Abstreifen lästiger gesetzlicher Fesseln und die Reduktion von Kontrollmöglichkeiten durch die Gerichtsbarkeit sowie durch entsprechende interpretative Selbstrestriktionen kommt es zur Dezimierung des Kognitionsbereichs der Judikative und zu entsprechend größerem Handlungsfreiraum für die Exekutive. Die Möglichkeit der Kontrolle weicht der (normativ mehr oder minder vorgegebenen) Nicht-Kontrolle. Hier wird der Normenstaat durch den Maßnahmenstaat restringiert.

3. Inkorporation in den Maßnahmenstaat

Bei einer dritten, wiederum nicht absolut trennscharf abzugrenzenden Erscheinungsform des

Maßnahmenstaates handelt es sich zum einen um Gerichte, die allein schon – wie der Volksgerichtshof oder andere einschlägige Sondergerichte – durch ihre Schaffung und ihren Auftrag als Bestandteil des Maßnahmenstaates anzusehen sind[60]. Nicht minder gravierend sind aber zum anderen die in ihrer Gesamtheit kaum überschaubaren Fälle, in denen Institutionen, die eigentlich in erster Linie auf dem Gebiet des Normenstaates operieren, sich durch ihre Tätigkeit und Spruchpraxis gewissermaßen selbst in den Maßnahmenstaat inkorporieren. Fraenkel nennt das im Zusammenhang mit der Entscheidung eines bayerischen Oberlandesgerichts plastisch Selbstdegradierung:

> „Das Gericht degradierte sich selber zu einem Instrument des Maßnahmenstaates, als es sich zu dem folgenden Grundsatz bekannte: ‚Die schweren Fälle des Hochverrats verlangen unter allen Umständen eine entsprechende Sühne. Der Schutz des Staates und des Volkes sind wichtiger als die strikte Durchführung alter, bei ausnahmsloser Anwendung zum Widersinn führender Verfahrensgrundsätze.'"[61]

An solchen Fällen der Inkorporation in den Maßnahmenstaat, der Komplizenschaft und Kooperation herrscht kein Mangel[62]. Dabei sind die Übergänge zur zweiten Kategorie der Selbstrestriktion durchaus fließend, wie etwa die geschilderte Entscheidung des Reichsdisziplinarhofs zeigt[63]. Doch stärker als dort zeichnen sich die hier rubrizierbaren Judikate dadurch aus, daß bei ihnen ein richterlicher Spielraum bestand, von dem man auch in anderer, freiheitsschützender Weise hätte Gebrauch machen können, wenn man sich nicht zu einer aktiven Umdeutung zuungunsten der Freiheitssphäre der betroffenen Bürger entschlossen hätte. Einen aussagekräftigen Indikator für solche Spielräume bildet der Umstand, daß häufig die unteren Instanzen zunächst anders – und nicht der Logik des Maßnahmenstaates folgend – geurteilt hatten.

Um ein erstes Beispiel zu nennen: Mitglieder eines katholischen Jugendvereins hatten Gruppenfahrten unternommen und sportliche Übungen veranstaltet und damit gegen eine auf die Reichstagsbrand-Verordnung gestützte Anordnung des Regierungspräsidenten über die Betätigung konfessioneller Organisationen vom 26. Juni 1934 verstoßen, in der

> „den konfessionellen Jugend- und Standesvereinigungen jeglicher Art, auch den für einen Einzelfall gebildeten, jede Betätigung außerhalb des kirchlichen, religiösen und charitativen [sic] Gebietes, insbesondere eine solche politischer, sportlicher oder volkssportlicher Art“,

untersagt wurde[64]. Das Kammergericht weist den Einwand, die Reichstagsbrand-Verordnung habe sich nur gegen kommunistische staatsgefährdende Gewaltakte gerichtet, mittels einer möglichst extensiven Interpretation dieses Merkmals zurück und bringt das Kunststück fertig, Freizeitaktivitäten christlicher Gruppen als indirekte Unterstützung kommunistischer Umtriebe einzuordnen. Wörtlich heißt es:

> „Die nationalsozialistische Weltanschauung will die wahre Volksgemeinschaft des ganzen deutschen Volkes unter Überbrückung aller Gegensätze, wie sie sich mannigfach, so auch aus den verschiedenen Ständen und Konfessionen ergeben können. [...] Im Gegensatz zu einer solchen Auffassung und zu einem solchen Streben steht aber nach der Entwicklung der politischen Verhältnisse die konfessionelle Spaltung innerhalb des deutschen Volkes, wenn deren Anhänger die von ihnen vertretene Ansicht außerhalb der eigentlichen kirchlichen Betätigung ausdrücklich zur Schau tragen, um so ihre eigene Meinung zu äußern und damit ihre Absonderung zu zeigen. Diese Art der Betonung einer Spaltung trägt von vornherein den Keim einer Zersetzung des deutschen Volkes in sich und jede derartige Zersetzung ist geeignet, den kommunistischen Bestrebungen ihrerseits Vorschub zu leisten und

> ihre Ziele zu stützen. […] Denn die so zur Schau getragene eigene Meinung kann nur zu leicht ein Ansporn für die dem Kommunismus anhängenden oder ihm nahestehenden, vielleicht gegenwärtig politisch noch schwankenden Personen sein, die alsdann darauf die Meinung gründen und weiter verbreiten, daß der nationalsozialistische Staat doch nicht das Volk hinter sich habe.“[65]

Ein weiteres Beispiel: Ebenfalls im Jahre 1935 hebt das Kammergericht ein freisprechendes Schöffengerichtsurteil auf und verurteilt einen Pfarrer der Bekennenden Kirche wegen Verstoßes gegen eine wiederum auf die Reichstagsbrand-Verordnung gestützte Anordnung, die „zur Aufrechterhaltung des inneren Friedens und der öffentlichen Sicherheit und Ordnung jede unsachliche Polemik bei der Erörterung und Wiedergabe kirchenpolitischer Fragen“ verbot. Der Pfarrer hatte u.a. seinen Konfirmanden Briefe an ihre Eltern mitgegeben, in denen gegen die (systemkonformen) „Deutschen Christen“ Position bezogen worden war[66].

Schließlich illustriert als drittes Beispiel eine klagabweisende Entscheidung des Württembergischen Verwaltungsgerichtshofes (WürttVGH) die schier grenzenlose Möglichkeit, sich entweder ganz allgemein auf die „neuen Verhältnisse“ (wahlweise: den neuen Geist der Volksgemeinschaft, die Bewegung, den im Nationalsozialismus durchgeführten Führergrundsatz, die Umstellung von der alten liberalen auf die neue nationalsozialistische Rechts- und Staatsauffassung etc.) oder nur geringfügig konkreter auf die Reichstagsbrand-Verordnung zu berufen. Ein privater Kinderpflegeverein wollte im Falle der Selbstauflösung sein Vermögen der Inneren Mission zufallen lassen. Die dazu notwendige Satzungsänderung wurde vom Landrat mit der Begründung verweigert, die nationalsozialistische Volkswohlfahrt (NSV) betreue alle Volksgenossen, weswegen ihr das Vermögen zufallen solle; die Ministerialabteilung für Bezirks- und Körperschaftsverwaltung bestätigte diese Entscheidung und stützte sich dabei auf § 1 der Reichstagsbrand-Verordnung. Das Gericht folgte dem und führte aus: „Zum Schutz der öffentlichen Ordnung und Sicherheit gehört im heutigen Staat auch die Wahrung der allgemeinen Belange der völkischen Gemeinschaftsordnung.“[67]

Andere Fälle zeigen, wie weit der Vorbehalt der systemtreuen Gesinnung selbst in geringfügig erscheinenden Konstellationen reichte und wie tief der Durchgriff in den privaten Raum hineinragte. So wurde einer den „ernsten Bibelforschern“ (also den Zeugen Jehovas)[68] nahestehenden Frau der Wandergewerbeschein entzogen[69], einer Bezirkshebamme mit dem gleichen „Vorwurf“ das Anstellungsverhältnis gekündigt[70]. Das Abhalten von Familienandachten im eigenen Haus durch Mitglieder einer verbotenen „Sekte ‚Siebenten-Tags-Adventisten, Reformbewegung‘“ sah das Reichsgericht – anders als das vorausgegangene freisprechende landgerichtliche Urteil – zumindest unter bestimmten Umständen nicht als straflos an:

> „Verboten und strafbar sind aber solche Andachten auch dann, wenn die Mitglieder einer Familie durch Abhaltung der Andachten im Familienkreise über den bloßen Zweck der Andacht hinaus zugleich den zwischen den bisherigen Mitgliedern der Sekte bestandenen Zusammenhalt im Rahmen ihrer Familie als einer Keimzelle für die künftige Wiedereröffnung der Sekte dem Verbot zuwider aufrechterhalten wollten."[71]

Das Landgericht Hamburg entzog einem Zeugen Jehovas das Sorgerecht für seine Kinder, weil das Aufwachsen im Glauben ihrer Eltern „das geistige Wohl der Kinder auf das Schwerste" gefährde[72]. Desgleichen wurde einem jüdischen Ehemann das Sorgerecht für ein „arisches" Adoptivkind entzogen mit der Begründung, es werde das „geistige Wohl eines arischen Kindes gefährdet, wenn es in einem jüdischen Haushalt aufwächst, da dort eine Erziehung im deutschen, d.h. nationalsozialistischen Sinne nicht gewährleistet wird"; in einem solchen Fall müßten formaljuristische Erwägungen zugunsten einer „Anwendung der deutschen Grundsätze" zurücktreten, zu denen der dem Parteiprogramm der NSDAP entstammende Satz „Gemeinnutz geht vor Eigennutz" zähle, welcher auch

„für die deutschen Staatsangehörigen jüdischer Abstammung“ gelte[73].

Zusammengefaßt: Die Gerichte wirken hier als Organ und Instanz des Maßnahmenstaates. An die Stelle des (möglichen oder faktisch verunmöglichten) Rechtsschutzes tritt die aktive Beförderung der Logik des NS-Systems. Das heißt: In der äußeren Gestalt normenstaatlicher Handlungen, also formeller Rechtsakte wie Urteile und Beschlüsse, konkretisiert und perpetuiert sich der materielle Unrechtsgehalt des Dritten Reiches. Hier wird der Normenstaat in den Maßnahmenstaat inkorporiert.

VI. Das Verhältnis zum Normenstaat

Nach der Klarstellung, daß sich der Doppelstaat nicht auf die Doppelstrukturen von Partei und Staat bezieht, sondern die Ambivalenz und Doppelgesichtigkeit des hoheitlichen Handelns der Behörden und Gerichte beiderlei Provenienz bezeichnet, sowie nach dem Überblick über die Erscheinungsformen des Maßnahmenstaates fällt die Charakterisierung seines Verhältnisses zum Normenstaat nicht schwer. Dies auch deshalb, weil Fraenkel über die Struktur dieser Relation keinen Zweifel aufkommen läßt. Der Maßnahmenstaat, so schärft er immer wieder ein, ist prinzipiell schrankenlos und ohne vorgängige Einhegung[74]; er ist es, der die immer wieder neu auszulotenden Grenzen zum Normenstaat definiert:

> „Die rechtliche Lage im heutigen Deutschland ist dadurch gekennzeichnet, daß es keine Materie gibt, die sich dem Zugriff der politischen Instanzen zwecks politischer Erledigung ohne jegliche Rechtsgarantien zu entziehen vermöchte.“[75]

Und: „Die Grenzen des Maßnahmenstaates werden ihm nicht von außen gesetzt; sie liegen in der Selbstbeschränkung, die sich der Maßnahmenstaat auferlegt.“[76] Kennzeichen des Doppelstaates ist gerade das „Nebeneinander von Normen- und Maßnahmenstaat“, wobei Fraenkel im Normenstaat „eine unerläßliche Ergänzung des Maßnahmenstaates“ sieht[77].

Das heißt konkret: Mit dem als Normenstaat umschriebenen Funktionsmechanismus ist weder ein klar umrissener und schon gar nicht dauerhaft feststehender Bereich bestimmter Rechtsmaterien respektive sozialer, ökonomischer oder politischer Handlungsfelder bezeichnet, auf denen sozusagen noch nach der alten Logik einer an rechtsstaatlichen Grundsätzen orientierten Herrschaft operiert wird. Sondern solches Operieren läßt sich nur im Sinne einer Momentaufnahme für bestimmte Gebiete konstatieren, ohne daß das dauerhaft so bleiben müßte. Fraenkel benennt als solche Bereiche etwa die für das Funktionieren der Wirtschaft besonders wichtige Gewerbefreiheit sowie das Privateigentum, sodann die Grundsätze der Vertragstreue und der Lauterkeit des Wettbewerbs und schließlich immaterielles Güterrecht und Arbeitsrecht[78]. Dabei kann es nicht überraschen, daß auch hier der Boden schwankend wird, wie vor allem der Abschnitt über den „Status der Juden" deutlich macht[79]. Gleichwohl, und das macht eben die bleibende Pointe des Buches aus, begegnen uns hier Entscheidungen der Gerichte mit Argumentationen und Begründungen, die exakt jene Prinzipien (wie Rechtssicherheit, rechtsstaatliche Grundsätze, Eigentumsgarantie etc.) schützen, die im Maßnahmenstaat relativiert, marginalisiert, ignoriert oder ganz offen mit Füßen getreten wurden.

Auch für die Existenz des Normenstaates, für den „nach wie vor das Prinzip der formalen Rationalität" gilt, wo also „in der strikten Anwendung der bestehenden Gesetze [...] ein Eigenwert gesehen [wird] unabhängig von dem Ergebnis"[80], kann Fraenkel nicht nur aufschlußreiche Zitate hochrangiger NS-Juristen wie Roland Freisler oder Werner Best aufbieten[81], sondern wiederum eingängige Beispiele aus der Judikatur anführen. So hat etwa das Preußische Oberverwaltungsgericht an dem Grundsatz der Gewerbefreiheit festgehalten und es abgelehnt, von den gesetzlichen Form- und Verfahrensvorschriften für die Untersagung von Gewerbebetrieben einfach abzusehen oder sie für „überholt, veraltet und teilweise außer Kraft gesetzt" zu erachten[82]. Ähnlich beschränkte der Bayerische Verwaltungsgerichtshof die Geltungskraft der *clausula rebus sic stantibus* der Tradition gemäß auf eng umgrenzte Ausnahmefälle, zu denen es nicht den Fall einer Stadtgemeinde zählte, die sich 1881 dazu verpflichtet hatte, der katholischen Kirchengemeinde einen Zuschuß zum Unterhalt eines zweiten Hilfsgeistlichen zu zahlen[83]. Dem Versuch der Gemeinde, sich davon unter Verweis auf die grundlegend geänderten Verhältnisse unter dem Nationalsozialismus zu dispensieren, hielt das Gericht den Grundsatz der Vertragstreue entgegen, der als „Grundlage des wirtschaftlichen Verkehrs und des geordneten Zusammenlebens der Volksgemeinschaft" bezeichnet wurde[84]. Das Preußische Oberverwaltungsgericht ließ es nicht durchgehen, daß ein Bürgermeister ohne ausreichende Rechtsgrundlage Gebühren für die Straßenbenutzung erhoben und sich zur Rechtfertigung auf die Dringlichkeit der Situation berufen hatte, die rasches Handeln erforderlich gemacht habe. Das Gericht[85] verwies darauf, daß die staatliche Aufgabenerfüllung auf der Grundlage alter und neuer Gesetze erfolge, und hob hervor, daß „gerade im nationalsozialistischen Staate der Leiter einer Gemeinde sich von willkürlichen Maßnahmen fernhalten muß"[86]. Und das Reichsgericht wehrte Versuche ab, mit dem Hinweis auf den im Parteiprogramm der NSDAP enthaltenen, auf ältere Rechtssprichwörter zurückgehenden Satz „Gemeinnutz geht vor

Eigennutz" bestehende Gesetze unangewendet zu lassen[87]. In einem Aufwertungsstreit unterstrich das Gericht die unveränderte Bedeutung der Gesetzesbindung des Richters, verwies auf den Straftatbestand der Rechtsbeugung und statuierte:

> „Wirtschaftliche Gesichtspunkte dürfen das Gericht nicht dazu veranlassen, eine Entscheidung zu treffen, welche den klaren, gesetzlichen Vorschriften zuwiderlaufen würde. Nach wie vor gilt der die allgemeine Rechtssicherheit verbürgende, an der Spitze des Gerichtsverfassungsgesetzes stehende Grundsatz, daß der Richter dem Gesetz unterworfen ist."[88]

Zur Höhe der Zinsen für Aufwertungshypotheken stellte das LG Hamburg kühl fest:

> „Brechung der Zinsknechtschaft ist einer der Programmpunkte der NSDAP, und es ist sicher richtig, daß die Reichsregierung bestrebt ist, eine Herabsetzung des Zinsfußes zu fördern. In welchem Umfange und zu welcher Zeit Führer und Reichsregierung durch geeignete Maßnahmen dieses Ziel verwirklichen, muß aber ihnen überlassen bleiben. Die Wirtschaft unseres Volkes ist ein so komplizierter und empfindlicher Apparat, daß nicht von irgendeiner untergeordneten Stelle grundsätzlich in sie eingegriffen

> werden kann, sondern ein solches Eingreifen den leitenden und dafür geschaffenen Organen vorbehalten bleiben muß."[89]

Das alles sind, wie unterstrichen sei, Entscheidungen aus den ersten Jahren des Nationalsozialismus. Sie spiegeln im begrenzten Rahmen der ja keineswegs flächendeckend, sondern eher stichprobenartig durchgeführten „empirische[n] Analyse"[90] Fraenkels die Ambivalenz und Zwieschlächtigkeit des Systems wider, wie sie in der Doppelstaats-These prägnant auf den Begriff gebracht worden ist. Ob das eine seinerzeit vielleicht schon tendenziell überholte Betrachtungsweise war und ob die weitere Entwicklung des NS-Regimes dann in den folgenden Jahren endgültig zum „Unstaat" im Sinne der Analyse Franz Neumanns geworden ist[91], soll hier ebenso undiskutiert bleiben wie eine nähere Analyse von Fraenkels längeren Ausführungen zu den Naturrechtslehren[92] oder die (wohl eher geringe) Stichhaltigkeit und innere Haltbarkeit einer Geschichte des Doppelstaates, wie er sie im ersten Kapitel des Dritten Teils präsentiert[93]. Vorliegend ging es allein um eine Rekapitulation der Frage, was mit „Doppelstaat" eigentlich gemeint ist – und was nicht. Das sei jetzt abschließend resümiert.

VII. Resümee

Dem Doppelstaat Ernst Fraenkels liegt der Kerngedanke zugrunde, daß nach 1933 ein Maßnahmenstaat entstanden war, neben dem in gewissem, wenngleich tendenziell schrumpfendem Umfang ein funktionierender Normenstaat weiter existierte. Dieses Nebeneinander war es, was „den Machthabern von Staat und Partei erlaubte, willkürlich Rechte einzelner Personen oder ganzer Bevölkerungsteile aufzuheben"[94].

Doppelstaat bezeichnet daher nicht die Verdoppelung hoheitlicher Strukturen von Partei und Staat[95] und zieht keine Scheidelinie zwischen bestimmten Institutionen. Genausowenig ist mit Normenstaat die Geltung allgemeiner, namentlich in Gesetzesform gegossener Rechtsnormen, mit Maßnahmenstaat der Erlaß einzelner Rechtsakte (Verwaltungsakte, Urteile) gemeint. Vielmehr ist für Fraenkel ganz klar, daß sich der Maßnahmenstaat auch in Gesetzesform realisieren kann[96]; umgekehrt finden sich normenstaatliche Elemente in denjenigen Entscheidungen, die auf Verläßlichkeit, Rationalität und rechtsstaatliche Grundsätze bauen.

Die Rede vom Doppelstaat bildet also, recht verstanden, eine Art Chiffre für einen bestimmten Funktionsmodus, den Fraenkel als charakteristisch für das NS-System ansieht: das gleichzeitige Bestehen und punktuelle Durchbrechen von bestimmten Rechtsgrundsätzen, die im einen Fall beachtet, im anderen beiseite geschoben werden, ohne daß sie insgesamt förmlich aufgehoben oder sonst in exakter Weise eingeschränkt worden wären. Der Doppelstaat markiert (noch) nicht die vollständige Beseitigung des Rechtsstaates, sondern eine Form von dessen „Ersetzung“[97] dergestalt, daß es nach wie vor bestimmte Gebiete oder Residuen gibt, in denen rechtsstaatliche Grundsätze formeller wie materieller Art geachtet werden, dies aber gleichsam stets unter dem damoklesschwertartigen Vorbehalt einer andersartigen Beurteilung nach der Logik des Maßnahmenstaates steht[98].

Fraenkels „Doppelstaat“ beeindruckt auch heute noch nicht allein wegen „seiner exponierten zeitgeschichtlichen Stellung“[99], sondern aufgrund der Fähigkeit, ein hochgradig disparates Material an Behörden- und Gerichtsentscheidungen auf abstrakte und dennoch unmittelbar einleuchtende Grundkategorien zu bringen. Zu Recht hat man vom „singulären Rang“ des Werkes gesprochen[100]. Und schließlich und vielleicht vor allem hat Fraenkel einen wunderbaren Titel gefunden, ohne Zweifel „das Gelungenste an diesem auch sonst treffenden analytischen Bericht über Justiz und Herrschaftssystem in Nazi-Deutschland“.[101]

Anmerkungen

1 *Ernst Fraenkel*, Der Doppelstaat, 1974; 2. Aufl. 2001; 3. Aufl. 2012; hier und im folgenden zitiert nach der 4. Auflage von 2019 (die mit der 2. und 3. Aufl. seitenidentisch ist).

2 Vgl. dazu die knappe Schilderung bei *Simone Ladwig-Winters*, Ernst Fraenkel. Ein politisches Leben, 2009, S. 127 f.

3 *Ernst Fraenkel*, The Dual State. A Contribution to the Theory of Dictatorship, New York–London–Toronto 1941 (repr. 1969).

4 Vgl. *Winfried Steffani*, Ernst Fraenkel als Persönlichkeit, in: Zeitschrift für Politikwissenschaft 7 (1997), S. 1261 ff. (1268).

5 *Alexander v. Brünneck*, Vorwort zu diesem Band, in: Ernst Fraenkel, Gesammelte Schriften, Band 2: Nationalsozialismus und Widerstand, herausgegeben von Alexander v. Brünneck, 1999 (im folgenden abgekürzt: GS II), S. 7 (11): „Er sträubte sich lange Zeit dagegen. Möglicherweise fürchtete er, daß aus den historischen und theoretischen Teilen des Doppelstaates, insbesondere aus seiner Kapitalismuskritik, Einwände gegen die von ihm seit Ende der fünfziger Jahre entwickelte Pluralismus-Konzeption abgeleitet werden könnten. Vor allem scheute er die Wiederbegegnung mit der nationalsozialistischen Epoche, unter der er so gelitten hatte." Siehe auch im vorliegenden Band S. 18 f.

6 Auf der Innenseite des Buches heißt es: „Rückübersetzung aus dem Englischen von Manuela Schöps in Zusammenarbeit mit dem Verfasser". Zu Fraenkels anfänglicher Weigerung, sich damit überhaupt zu befassen, sowie seiner immer stärkeren Involvierung in das Projekt bis hin zur eigenhändigen Redaktion des gesamten Textes siehe nochmals *v. Brünneck*, Vorwort (Fn. 5), S. 12.

7 *Fraenkel*, Doppelstaat (Fn. 1), S. 39–46.

8 Vgl. *Fraenkel*, Doppelstaat (Fn. 1), S. 46: „Die Herausgabe der deutschen Ausgabe dieses Buchs geht auf Alexander von Brünneck, wissenschaftlicher Assistent am Seminar für Wissenschaft von der Politik an der TU Hannover, zurück. Er hat sich unermüdlich dafür eingesetzt, daß das Buch ins Deutsche rückübersetzt und von der Europäischen Verlagsanstalt verlegt werden solle. Seine Bemühungen sind umso höher zu bewerten, als ich infolge wiederholter schwerer Krankheiten nicht in der Lage war, das Projekt so intensiv zu fördern, wie ich es gewünscht hätte. Für

seine außergewöhnliche Einsatzbereitschaft, für sein Interesse und sein Verständnis bin ich ihm zu tiefem Dank verpflichtet."

9 *Ernst Fraenkel*, Gesammelte Schriften, herausgegeben von Alexander v. Brünneck/Hubertus Buchstein/Gerhard Göhler. Band 1: Recht und Politik in der Weimarer Republik, herausgegeben von Hubertus Buchstein unter Mitarbeit von Rainer Kühn, 1999; Band 2: Nationalsozialismus und Widerstand, herausgegeben von Alexander v. Brünneck, 1999; Band 3: Neuaufbau der Demokratie in Deutschland und Korea, herausgegeben von Gerhard Göhler unter Mitarbeit von Dirk Rüdiger Schumann, 1999; Band 4: Amerikastudien, herausgegeben von Hubertus Buchstein/Rainer Kühn unter Mitarbeit von Cord Arendes und Peter Kuleßa, 2000; Band 5: Demokratie und Pluralismus, herausgegeben von Alexander v. Brünneck, 2007; Band 6: Internationale Politik und Völkerrecht, Politikwissenschaft und Hochschulpolitik, herausgegeben von Hubertus Buchstein/Klaus-Gert Lutterbeck unter Mitarbeit von Katja Staack und Eva-Maria Reinwald, 2011.

10 *Ernst Fraenkel*, Der Urdoppelstaat (1938), in: ders., GS II (Fn. 5), S. 267–473.

11 Zur Erläuterung *v. Brünneck*, Vorwort (Fn. 5), S. 11: „Der Doppelstaat war in seiner englischen Fassung nach 1945 nur in wenigen Exemplaren in Deutschland verfügbar, die meist nur mit Schwierigkeiten über die Fernleihe zu beschaffen waren."

12 *Hans-Ulrich Wehler*, Deutsche Gesellschaftsgeschichte, Vierter Band: Vom Beginn des Erstens Weltkriegs bis zur Gründung der beiden deutschen Staaten 1914–1949, 2003, S. 558, 625; Fehlanzeige aber etwa bei *Karl Dietrich Bracher*, Zeit der Ideologien. Eine Geschichte des politischen Denkens im 20. Jahrhundert, 1985.

13 Etwa *Ulrich von Hehl*, Nationalsozialistische Herrschaft, 1996, S. 5, 51, 54, 62; *Klaus Hildebrand*, Das Dritte Reich (1978), 5. Aufl. 1995, S. 4, 22, 38, 132 f.; *Norbert Frei*, Der Führerstaat. Nationalsozialistische Herrschaft 1933 bis 1945 (1987), 5. Aufl. 1997, S. 53, 234.

14 Siehe etwa *Karl Kroeschell*, Rechtsgeschichte Deutschlands im 20. Jahrhundert, 1992, S. 80; bei *Dietmar Willoweit*, Deutsche Verfassungsgeschichte. Vom Frankenreich bis zur Wiedervereinigung Deutschlands, 6. Aufl. 2009, ist der „These vom ‚Doppelstaat'" ein eigener Unterabschnitt gewidmet (§ 40 V = S. 321); Fehlanzeige allerdings bei

Werner Frotscher/Bodo Pieroth, Verfassungsgeschichte, 10. Aufl. 2011.

15 *Uwe Wesel*, Geschichte des Rechts. Von den Frühformen bis zur Gegenwart, 3. Aufl. 2006, S. 511 ff. (= Rn. 307).

16 *Wilhelm Bleek*, Geschichte der Politikwissenschaft in Deutschland, 2001, S. 253; *Jürgen Hartmann*, Geschichte der Politikwissenschaft, 2003, S. 142.

17 Keine Erwähnung etwa bei: *Rolf Grawert*, Die nationalsozialistische Herrschaft, in: Josef Isensee/Paul Kirchhof (Hrsg.), Handbuch des Staatsrechts der Bundesrepublik Deutschland, Bd. 1, 3. Aufl. 2003, § 6 (S. 235–265); *Peter Badura*, Staatsrecht, 4. Aufl. 2010; *Gunnar Folke Schuppert*, Staatswissenschaft, 2003. – *Hartmut Maurer*, Staatsrecht I, 6. Aufl. 2010, § 2 Rn. 76 (= S. 67 f.) führt das Buch lediglich in der Literaturliste auf, ohne es im Text zu erwähnen. Eine (wenn auch knappe) Bezugnahme aber bei *Klaus Stern*, Das Staatsrecht der Bundesrepublik Deutschland, Bd. V: Die geschichtlichen Grundlagen des deutschen Staatsrechts, 2000, S. 773.

18 Alle drei Zitate bei *v. Brünneck*, Vorwort (Fn. 5), S. 8. Siehe auch die Rezension von *Michael Stolleis*, JZ 1984, S. 1096 f. (1097): „Entscheidend ist der inzwischen durch die Forschung vielfach bestätigte Grundgedanke und die von aller Apologetik freie, nüchterne Analyse der bewegenden Kräfte.“ *Horst Möller*, Ernst Fraenkel – Analytiker von Demokratie und Diktatur, in: Thomas Brechenmacher (Hrsg.), Identität und Erinnerung. Schlüsselthemen deutsch-jüdischer Geschichte und Gegenwart, 2009, S. 155 ff. (167) hält fest, daß Fraenkels Doppelstaat und Neumanns Behemoth (vgl. dazu Fn. 91) „für Jahrzehnte nahezu die einzigen wegweisenden Beiträge zur reflektierten Strukturanalyse der NS-Diktatur“ blieben.

19 Von „Ernst Fraenkels Klassiker ‚Der Doppelstaat‘“ spricht explizit der österreichische Verfassungshistoriker *Gerald Stourzh*, Spuren einer intellektuellen Reise. Drei Essays, 2009, S. 140 Fn. 54. Seinerseits als „Klassiker der Politikwissenschaft“ ausgewiesen wird Fraenkel durch die Aufnahme in das gleichnamige, von Wilhelm Bleek und Hans J. Lietzmann im Jahre 2005 herausgegebene Werk; vgl. darin *Hubertus Buchstein/Gerhard Göhler*, Ernst Fraenkel (1898–1975), S. 151 ff.

20 *Möller*, Ernst Fraenkel (Fn. 18), S. 168 spricht allgemein davon, „dass häufig verkürzte Definitionen über seine Analysen im Umlauf sind“.

21 Vgl. etwa *Karl Dietrich Erdmann*, Deutschland unter der Herrschaft des Nationalsozialismus 1933–1939 (= Gebhardt, Handbuch der deutschen Geschichte, Bd. 20), 1980, S. 106, wo es heißt: „E. Fraenkel, The Dual State – A Contribution to the Theory of Dictatorship (New York 1940, 2. Aufl. 1969, dt. 1974) stellte als erster die Unanwendbarkeit des bisherigen Staatsbegriffs auf das nat.soz. System heraus u. charakterisierte diesen [sic] als ‚Doppelstaat', mit der Unterscheidung zwischen dem zum ‚Normenstaat' erstarrten Apparat der staatlichen Behörden u. dem daneben von der Partei ausgeübten ‚Maßnahmenstaat', der nach u. nach bis in alle gesellschaftlichen Bereiche eindrang u. das alte Staatsgefüge aushöhlte." Ähnlich *Wolfgang Reinhard*, Geschichte der Staatsgewalt, 1999, S. 459: „Die Folge [davon, daß es im nationalsozialistischen Deutschland im Unterschied zum faschistischen Italien nicht um die Usurpation des Staates durch die Partei ging, H.D.] war, daß neue Institutionen der Bewegung, manchmal sogar mehrere, neben die alten des Staates traten, eine Polykratie mit bewußt unklar gehaltenen Zuständigkeitsabgrenzungen, was Ernst Fraenkel 1941 ‚Dual State' genannt hat." Und schließlich *Wehler*, Gesellschaftsgeschichte (Fn. 12), S. 558: „Im NS-Regime wird das der ‚Doppelstaat' (Ernst Fraenkel) sein, mit seiner spannungsreichen Koexistenz von maßnahmeorientierten Parteiorganisationen und kommissarischen Sonderbehörden einerseits, von normverpflichteter, gesetzesbasierter staatlicher Verwaltungsbürokratie andererseits." Siehe noch Fn. 30.

22 Zum folgenden eingehender und mit zahlreichen Nachweisen *Horst Dreier*, Die deutsche Staatsrechtslehre in der Zeit des Nationalsozialismus, in: VVDStRL 60 (2001), S. 9 ff. (40 ff.), auch abgedruckt in: *ders.*, Staatsrecht in Demokratie und Diktatur. Studien zur Weimarer Republik und zum Nationalsozialismus, herausgegeben von Matthias Jestaedt und Stanley L. Paulson, 2016, S. 185 ff. (218 ff.).

23 *Fraenkel*, Doppelstaat (Fn. 1), S. 51. Desgleichen bereits *ders.*, Das Dritte Reich als Doppelstaat (1937), in: ders., GS II (Fn. 5), S. 504 (505): „Es wäre irrig, das Phänomen des Doppelstaates, von dem im folgenden gesprochen werden soll, mit dem Problem: Staat und Partei zu identifizieren. [...] Staat und Partei sind in Deutschland so eng ineinander verfilzt, daß der Versuch, eine begriffliche Scheidung zwischen Staat und Partei vorzunehmen und aus ihr rechtserhebliche Folgerungen zu ziehen, von vornherein zum Scheitern verurteilt ist. [...] Deshalb wird im folgenden zwischen Staat und

Partei kein grundsätzlicher Unterschied gemacht. Die Partei wird als Bestandteil des Staates 'im weiteren Sinne' angesehen; der Trennungsstrich wird in das Gefüge des Staates hineinverlegt." Freilich irritiert, daß er in der Einleitung zur amerikanischen Ausgabe von 1940 diesem Mißverständnis durchaus Nahrung gegeben hat, wenn er dort schreibt (*Fraenkel*, Doppelstaat [Fn. 1], S. 21): „Eine Analyse der Rechtsprechung wird ergeben, daß es eine ständige Spannung gibt zwischen den traditionellen Instanzen, die den Normenstaat repräsentieren und den Organen der Diktatur, den Instrumenten des Maßnahmenstaats."

24 Vielleicht etwas waghalsig *Fraenkel*, Doppelstaat (Fn. 1), S. 51 f.: „Der Umstand, daß die nationalsozialistische Rechts- und Staatslehre auf die Behandlung des Problems Staat – Partei einen solchen Wert legt, ist für mich eine Ermutigung und eine indirekte Rechtfertigung für mein Vorhaben; ist es doch ein gängiger Trick der nationalsozialistischen Rechts- und Staatslehre, die wahre Bedeutung gewisser Probleme dadurch zu verdunkeln, daß auf Nebensächliches ein lautstarker Nachdruck gelegt wird."

25 *Fraenkel*, Doppelstaat (Fn. 1), S. 59: „Machtträger politischer Gewalt können sowohl Instanzen des Staates als auch der Partei sein." S. 89: „Entscheidungen politischer Art werden aber nicht nur von den Staatsinstanzen, sondern auch von den Parteiinstanzen gefällt." Vgl. noch Fn. 29.

26 So treffend *Michael Wildt*, Die politische Ordnung der Volksgemeinschaft. Ernst Fraenkels „Doppelstaat" neu betrachtet, in: Mittelweg 36, Bd. 12 (2003), S. 45 ff. (52).

27 Von der Gefahr einer „Unbedenklichkeitsbescheinigung" sprach zu Recht *Stolleis*, Rezension (Fn. 18), S. 1097. Vgl. auch *dens.*, Geschichte des öffentlichen Rechts in Deutschland, Dritter Band: Staats- und Verwaltungsrechtswissenschaft in Republik und Diktatur 1914–1945, 1999, S. 353 f.

28 Bahnbrechend für den Bereich des Zivilrechts *Bernd Rüthers*, Die unbegrenzte Auslegung, 1968 (mittlerweile 6. Aufl. 2005). Wichtig auch der frühe Aufsatz von *Everhardt Franssen*, Positivismus als juristische Strategie, in: JZ 1969, S. 766 ff. mit vernichtender Kritik an den Verschleierungsstrategien des ersten Präsidenten des Bundesgerichtshofs (Franssen wendet sich direkt gegen: *Hermann Weinkauff*, Die deutsche Justiz und der Nationalsozialismus. Ein Überblick, 1968). Aus den späteren Jahrzehnten beispielsweise Gotthold Jasper/Hansgeorg Loebel (Hrsg.), Justiz und Nationalsozialismus, 1985; Bernhard Diestelkamp/

Wolfgang Benz (Hrsg.), Justizalltag im Dritten Reich, 1988; Ralf Dreier/Wolfgang Sellert (Hrsg.), Recht und Justiz im „Dritten Reich", 1989; *Lothar Gruchmann*, Justiz im Dritten Reich 1933–1940, 3. Aufl. 2001.

29 Nochmals ganz deutlich *Fraenkel*, Doppelstaat (Fn. 1), S. 51: „Sowohl Partei als auch Staat im engeren Sinne betätigen sich im Bereich des Normenstaats und des Maßnahmenstaats." S. 101: „Normenstaat und Maßnahmenstaat sind keine komplementären Gewalten, sondern konkurrierende Herrschaftssysteme."

30 Vgl. oben bei und in Fn. 21. Auch *Karl Dietrich Bracher*, Zusammenbruch des Versailler Systems und Zweiter Weltkrieg, in: Propyläen Weltgeschichte. Eine Universalgeschichte, herausgegeben von Golo Mann, 1960, S. 389 ff. (398 f.) schließt Doppelstaat mit dem Dualismus von Partei und Staat kurz. Gleicher Irrtum bei *Robert O. Paxton*, Anatomie des Faschismus, 2006, S. 179: „In Hitlers Regime, schrieb Fraenkel, konkurrierte ein ‚Normenstaat', bestehend aus den legal konstituierten Autoritäten und einer traditionellen Verwaltung, mit einem ‚Maßnahmenstaat' (prerogative state), der durch die Parallelorganisationen der Partei gebildet wurde, um die Macht."

31 Insofern kritisch *Stefan Breuer*, Ernst Fraenkel und die Struktur faschistischer Herrschaft. Zur Kritik der Doppelstaats-These, in: Hartmut Aden (Hrsg.), Herrschaftstheorien und Herrschaftsphänomene, 2004, S. 39 ff. (46 ff., 48 ff.).

32 So treffend *Stolleis*, Rezension (Fn. 18), S. 1097.

33 *Fraenkel*, Doppelstaat (Fn. 1), S. 49. Das klingt klar und strikt nach einer Charakterisierung des Maßnahmenstaates im Sinne seiner Extralegalität und Rechtsgrundlosigkeit. Weniger eindeutig aber heißt es ebd., S. 102: „Das Wesen des Maßnahmenstaates ist in dem Verzicht auf rechtlich gesicherte formale Bindungen zu erblicken, in denen Beschränkungen bei der Ausübung von Hoheitsrechten zum Ausdruck gelangen." Verzicht auf formal-rechtliche Kontrollen aber kann etwas ganz anderes als gesetzlose Willkür des faktischen Handelns in seiner Überlegenheit gegenüber den Kontrollen des formalen Rechts bedeuten. Dazu sogleich mehr.

34 In diese Richtung kann man auch verstehen *Fraenkel*, Doppelstaat (Fn. 1), S. 114 Fn. 3 a.E.: die „Linie, die Normen- und Maßnahmenstaat voneinander trennt, [ist] die Grenze zwischen Rechtsordnung und Rechtlosigkeit".

35 Zu den Gesetzen über die Gestapo etwa *Fraenkel*, Doppelstaat (Fn. 1), S. 61.

36 Zitate: *Fraenkel*, Doppelstaat (Fn. 1), S. 41, 78.

37 Illustrativ *Fraenkel*, Das Dritte Reich (Fn. 23), S. 513 f.: „Deutschland ist ein Land, in dem ohne Urteilsspruch Tausende jahrelang eingekerkert, ohne Gerichtskontrolle Vermögen beschlagnahmt, ohne Rechtsbehelfe Existenzen vernichtet werden und in dem gleichzeitig um einer Lappalie willen drei Instanzen bemüht werden können, ein Land, in dem es vorgekommen ist, daß ein Mann aus dem Konzentrationslager heraus erfolgreich seine Steuerbeschwerden bearbeiten konnte."

38 Vgl. aber auch den in Anhang 1 (*Fraenkel*, Doppelstaat [Fn. 1], S. 260–262) geschilderten Fall: Nach Obsiegen in einem arbeitsrechtlichen Prozeß erfolgt die Verfügung der Gestapo, derzufolge „die den Klägern durch Urteil des Reichsarbeitsgerichts zugesprochenen Beträge zugunsten des preußischen Staates beschlagnahmt und eingezogen seien" (S. 262).

39 *Fraenkel*, Doppelstaat (Fn. 1), S. 94; siehe auch die ähnlichen Ausführungen S. 97.

40 Plastisch die Ausführungen von Werner Best aus dem Jahre 1938, die *Fraenkel*, Doppelstaat (Fn. 1), S. 95 zitiert: „Wenn die Verwaltungsgerichte immer wieder Juden, ehemaligen Fremdenlegionären und dergl. Wandergewerbescheine zusprechen, wird die Gestapo aufgrund des ihr erteilten Auftrages, Volk und Staat gegenüber den aus dem Hausieren solcher Personen erwachsenen Gefahren zu schützen, immer wieder den erteilten Schein den Inhabern wegnehmen. Die aus dieser Divergenz etwa entspringende Ansehensverminderung trifft daher bestimmt nicht die Gestapo, deren Maßnahme als letzte immer recht behält."

41 Im folgenden nehme ich ausschließlich auf Fälle Bezug, die Fraenkel in seinem Buch anführt. Ich habe die Gerichtsentscheidungen durchweg nachgeprüft; alle angeführten Zitate stammen aus den Entscheidungen selbst und fallen teils kürzer, teils ausführlicher aus als bei Fraenkel selbst.

42 OLG Karlsruhe v. 25. Juni 1936 (JW 1936, S. 3266 [3268]). Angeführt bei *Fraenkel*, Doppelstaat (Fn. 1), S. 59.

43 Verordnung des Reichspräsidenten zum Schutz von Volk und Staat vom 28. Februar 1933 (RGBl. S. 83): „Auf Grund des Artikels 48 Abs. 2 der Reichsverfassung wird zur

Abwehr kommunistischer staatsgefährdender Gewaltakte folgendes verordnet:

§ 1: Die Artikel 114, 115, 117, 118, 123, 124 und 153 der Verfassung des Deutschen Reichs werden bis auf weiteres außer Kraft gesetzt. Es sind daher Beschränkungen der persönlichen Freiheit, des Rechts der freien Meinungsäußerung, einschließlich der Pressefreiheit, des Vereins- und Versammlungsrechts, Eingriffe in das Brief-, Post-, Telegraphen- und Fernsprechgeheimnis, Anordnungen von Hausdurchsuchungen und von Beschlagnahmen sowie Beschränkungen des Eigentums auch außerhalb der sonst hierfür bestimmten gesetzlichen Grenzen zulässig."

44 *Fraenkel*, Doppelstaat (Fn. 1), S. 55, 75.

45 PrOVG v. 17. April 1935 (JW 1935, S. 2676). Es handelt sich hier allerdings nicht um eine originäre Äußerung des Gerichts; vielmehr entstammt die Wendung einem Schreiben des RMdI (Reichsminister des Innern) v. 12. April 1934, welches das Gericht mit jener Passage zunächst zitiert, um dann anzufügen: „An der Richtigkeit der [...] Rechtsauffassung kann kein Zweifel bestehen." Angeführt bei *Fraenkel*, Doppelstaat (Fn. 1), S. 69.

46 KG v. 31. Mai 1935 (Rechtsprechung. Beilage zur Deutschen Richterzeitung 1935, Sp. 636 [636 bzw. 638] = Nr. 624). Der erste Teil des Zitats (bis „wobei") ist keine originäre Gerichtsaussage, sondern eine affirmative Wiedergabe der Preußischen Durchführungsverordnung zur Reichstagsbrand-Verordnung (Runderlaß des Preußischen Ministers des Innern vom 3. März 1933) in indirekter Rede. Die Entscheidung ist angeführt bei *Fraenkel*, Doppelstaat (Fn. 1), S. 69 f.

47 Preußische Gesetzsammlung (PrGS) 1933, S. 413 f.

48 Eindeutig PrOVG v. 2. Mai 1935 (Reichsverwaltungsblatt 1935, S. 577 [577]). Bestätigend PrOVG v. 23. MaiOVG 1935 (JW 1935, S. 2670 [2671]); beide Entscheidungen angeführt bei *Fraenkel*, Doppelstaat (Fn. 1), S. 80.

49 PrGS 1936, S. 21 f. (22, berichtigt 28). § 7 lautete: „Verfügungen und Angelegenheiten der Geheimen Staatspolizei unterliegen nicht der Nachprüfung durch die Verwaltungsgerichte." Im nächsten Heft der PrGS (S. 28) wurde die Norm berichtigt: „Auf Seite 22 Zeile 7 von oben muß es statt ‚Verfügungen und Angelegenheiten' heißen ‚Verfügungen in Angelegenheiten'." (Hervorhebung im Original). Schon aufgrund des in Preußen geltenden Enumerationsprinzips waren Akte der Gestapo selbst der verwaltungsgerichtlichen

Überprüfung entzogen. Die Extension bezieht sich darauf, daß nun auch die ordentlichen Polizeibehörden diesem Bereich zugeordnet werden, wenn sie „in Angelegenheiten" staatspolizeilichen Inhalts handeln. Eben dies hatte das PrOVG in zwei Urteilen aus dem Jahre 1935 noch anders betrachtet (PrOVG v. 2. Mai 1935 [Fn. 48], S. 578; PrOVG v. 23. Mai 1935 [Fn. 48], S. 2671; beide angeführt bei *Fraenkel*, Doppelstaat [Fn. 1], S. 80). Die gesetzliche Neuregelung von 1936 darf wohl als Reaktion hierauf, nämlich als Restriktion des Kognitionsbereichs der Verwaltungsgerichtsbarkeit, verstanden werden.

50 PrOVG v. 19. März 1936 (JW 1936, S. 2189 f.). Der Leitsatz (S. 2189) lautet: „Materielle Verfügungen der ordentlichen Polizeibehörden staatspol. Inhalts sind auf Grund § 7 Ges. v. 10. Febr. 1936 der verwaltungsgerichtlichen Nachprüfung entzogen." In Bezug genommen bei *Fraenkel*, Doppelstaat (Fn. 1), S. 81 ff.

51 PrOVG v. 10. November 1938 (JW 1939, S. 382 [383]). Angeführt bei *Fraenkel*, Doppelstaat (Fn. 1), S. 82 f. Die Verschärfung im Verhältnis zum Urteil v. 19. März 1936 (Fn. 50) liegt in der Loslösung vom materiellen Zuständigkeitsbereich der Gestapo und beruht darauf, daß in diesem Fall eine die Nachprüfung verhindernde Anweisung der Gestapo vorliegt, während jener Konstellation vom 19. März 1936 ein Handeln ohne Anordnung der Gestapo zugrunde lag.

52 *Fraenkel*, Doppelstaat (Fn. 1), S. 83. Er bezieht sich damit ausdrücklich auf die nun richterlich anerkannte Möglichkeit der Gestapo, durch allgemeine Anordnungen die hierauf beruhenden Verwaltungsakte der ordentlichen Polizeibehörden der gerichtlichen Nachprüfung zu entziehen. Zur Nachprüfung durch Zivil- und Strafgerichte ebd., S. 84 ff., 86 ff.

53 RG v. 2. November 1936 (JW 1937, S. 98 [98]), angeführt bei *Fraenkel*, Doppelstaat (Fn. 1), S. 99 f. Auf S. 100 des Urteils heißt es weiter: „Daß das durch § 16 Abs. 2 PersStG begründete Recht des einzelnen entfallen muß, wenn seine Durchsetzung die allgemeinen Belange gefährden würde, und darum jene Vorschrift, obschon sie keine dahingehende ausdrückliche Ausnahme enthält, der Versagung eines solchen beglaubigten Auszuges aus dem Standesregister aus Gründen der Staatssicherheit nicht im Wege steht, bedarf keiner Ausführung."

54 RG v. 2. November 1936 (JW 1937, S. 98 [100]).

55 Reichsarbeitsgericht v. 14. April 1937 (JW 1937, S. 2310 [Zitate: 2311]). In Bezug genommen bei *Fraenkel*, Doppelstaat (Fn. 1), S. 89.

56 OLG Düsseldorf v. 10. Juli 1935 (DJZ 1935, Sp. 1123 [Zitat: 1125 f.]). Angeführt bei *Fraenkel*, Doppelstaat (Fn. 1), S. 91.

57 Reichsdisziplinarhof v. 15. Juni 1937 (Zeitschrift für Beamten- und Behördenangestelltenrecht 1937/38, S. 104 [105]). In Bezug genommen bei *Fraenkel*, Doppelstaat (Fn. 1), S. 103.

58 Reichsdisziplinarhof v. 15. Juni 1937 (Fn. 57), S. 104 (das folgende Zitat ebd.). Bei *Fraenkel*, Doppelstaat (Fn. 1), S. 103 heißt es, er sei ein „Vorkämpfer des völkischen Gedankens" gewesen.

59 Reichsdisziplinarhof v. 15. Juni 1937 (Fn. 57), S. 105; der folgende Strafausspruch auf S. 106.

60 Eindeutig *Fraenkel*, Doppelstaat (Fn. 1), S. 106.

61 OLG München v. 8. Dezember 1937 (Deutsche Justiz 1938, S. 724 [724 f.]), in Bezug genommen bei *Fraenkel*, Doppelstaat (Fn. 1), S. 106 f. – In dem angesprochenen Fall war der strafrechtliche Grundsatz des Verbots der Doppelbestrafung (*ne bis in idem*) durchbrochen worden.

62 In einer Entscheidung des Bundessozialgerichts aus dem Jahre 1991 wird rückbetrachtend die Wehrmachtsjustiz unter expliziter Berufung auf Fraenkels Doppelstaat dem Maßnahmenstaat zugeordnet (BSGE 69, 211 [216 ff.]).

63 Vgl. oben bei und in Fn. 57 ff.

64 KG v. 12. Juli 1935 (Reichsverwaltungsblatt 1936, S. 61 [Zitat: 62]). Angeführt bei *Fraenkel*, Doppelstaat (Fn. 1), S. 71 f., von dem der konkrete Hinweis auf den Sachverhalt (Veranstaltung von Gruppenfahrten) ebenso stammt wie der auf den ursprünglichen Freispruch (im Urteil ist nur von der Revision der Angeklagten die Rede).

65 KG v. 12. Juli 1935 (Fn. 64), S. 62.

66 KG v. 3. Mai 1935 (Deutsche Justiz 1935, S. 1831 [1831]), in Bezug genommen bei *Fraenkel*, Doppelstaat (Fn. 1), S. 72.

67 WürttVGH v. 9. September 1936 (Deutsche Verwaltung 1936, S. 384 [Zitat: 385]), angeführt bei *Fraenkel*, Doppelstaat (Fn. 1), S. 74 f.

68 Dieser im Dritten Reich ganz besonders drangsalierten Glaubensgemeinschaft setzt *Fraenkel*, Doppelstaat (Fn. 1), S. 168 f. ein schönes kleines Denkmal, wenn er schreibt: „Die Angehörigen dieser Sekte, deren Pazifismus keinen Kompromiß zuläßt und deren Verehrung Jehovas die Verneinung

jeglicher weltlicher Autorität einschließt, stellen den Prototyp einer nach absoluten Naturrechtsgrundsätzen lebenden Gemeinschaft dar. Keine der illegalen Gruppen in Deutschland lehnt den Nationalsozialismus kompromißloser ab als diese starrsinnige Sekte. Ihr rasches Anwachsen ist eine Reaktion auf die Verhöhnung aller Naturrechtsprinzipien durch das Dritte Reich. Nur aus diesem fundamentalen Gegensatz erklärt sich der abgrundtiefe Haß der Nationalsozialisten gegen die Zeugen Jehovas, die zu Märtyrern in den Religionskriegen des heutigen Deutschland geworden sind."

69 BayVGH v. 8. Mai 1936 (Entscheidungen der Gerichte und Verwaltungsbehörden aus dem Rechtsgebiete der inneren Verwaltung, hrsg. v. Rudolf Oeschey, begründet von Anton Reger [Reger], Bd. 56 [1936], S. 533; zur religiösen Haltung und pazifistischen Denkweise der Klägerin heißt es S. 535: „Diese Denkart und ihre Verbreitung ist staatsfeindlich, der Form nach, weil sie gegen das Verbot vom 13. April 1933 verstößt, dem Inhalt nach, weil sie Staat und Kirche beschimpft, Volk und Staat entfremdet und dem Pazifismus Dienste leistet, der mit der heldischen Weltanschauung des derzeitigen Staats- und Volkslebens in unvereinbarem Gegensatz steht.") Die Entscheidung ist angeführt bei *Fraenkel*, Doppelstaat (Fn. 1), S. 109.

70 SächsOVG v. 4. Dezember 1936 (JW 1937, S. 1368; in Bezug genommen bei *Fraenkel*, Doppelstaat (Fn. 1), S. 109), u.a. mit der Begründung: „Mögen Personen wie Frau K. für sich selbst betrachtet [...] kaum staatsgefährlich werden können, so geben sie durch ihre Einstellung und ihr Bekennen dazu solchen Leuten, die dem Staate wirklich feindlich sind, einen inneren Halt und unterstützen dadurch mittelbar Bestrebungen, die darauf angelegt sind, dem Volke zu schaden."

71 RG v. 17. Februar 1938 (JW 1938, S. 1017 [Zitat: 1018]); in der Sache hatte ein Freund der Familie regelmäßig am Mittagessen teilgenommen. Der Fall ist angeführt bei *Fraenkel*, Doppelstaat (Fn. 1), S. 110.

72 LG Hamburg v. 5. Juni 1936 (Zentralblatt für Jugendrecht und Jugendwohlfahrt 1936/37, Ausgabe A, S. 281 [281]), in Bezug genommen bei *Fraenkel*, Doppelstaat (Fn. 1), S. 111 f.

73 AG Berlin v. 12. August 1936 (Zentralblatt für Jugendrecht und Jugendwohlfahrt 1936/37, Ausgabe A, S. 282 [beide Zitate: 283]), angeführt bei *Fraenkel*, Doppelstaat (Fn. 1), S. 139.

74 *Fraenkel*, Doppelstaat (Fn. 1), S. 113: „Es gibt keine Materie, die der Maßnahmenstaat nicht an sich ziehen könnte."

75 *Fraenkel*, Doppelstaat (Fn. 1), S. 98. Eine Seite weiter heißt es (S. 99): „Es gibt keine Materie des gesellschaftlichen oder wirtschaftlichen Lebens, die dem Zugriff des Maßnahmenstaates entzogen ist." Siehe ferner S. 119: „Oben wurde der Nachweis erbracht, daß jede Angelegenheit aus dem Bereich des Normenstaates in den Bereich des Maßnahmenstaates überführt werden kann, sobald sie zur politischen Frage erklärt worden ist."

76 *Fraenkel*, Doppelstaat (Fn. 1), S. 114.

77 Beide Zitate: *Fraenkel*, Doppelstaat (Fn. 1), S. 124.

78 Das sind die sechs Unterabschnitte, die Fraenkel in Kap. III („Der Normenstaat") unter Abschnitt 3 („Der Normenstaat als Hüter der Rechtsinstitutionen") auflistet und jeweils kurz erläutert (*Fraenkel*, Doppelstaat (Fn. 1), S. 120 ff.); siehe auch die knappe Rekapitulation ebd., S. 237 f.

79 *Fraenkel*, Doppelstaat (Fn. 1), S. 141 ff.

80 *Fraenkel*, Das Dritte Reich (Fn. 23), S. 510.

81 *Fraenkel*, Doppelstaat (Fn. 1), S. 118, 125 f.

82 PrOVG v. 8. Oktober 1936 (JW 1937, S. 1031 [1032], angeführt bei *Fraenkel*, Doppelstaat [Fn. 1], S. 128 f.) mit der listigen Begründung: „Die Aufhebung und Änderung von Gesetzen ist aber nicht Aufgabe des Richters, auch dann nicht, wenn er sie persönlich als der nationalsozialistischen Weltanschauung nicht entsprechend hält. [...] Das Gesetzgebungsrecht steht allein dem Führer zu, und Eingriffe der Gerichte in dieses Recht sind ausgeschlossen."

83 BayVGH v. 5. Juni 1936 (Reichsverwaltungsblatt 1938, S. 17 f.), in Bezug genommen bei *Fraenkel*, Doppelstaat (Fn. 1), S. 129 f.

84 BayVGH v. 5. Juni 1936 (Fn. 83), S. 17. *Fraenkel*, Doppelstaat (Fn. 1), S. 130 kommentiert: „Wo die dem kapitalistischen System immanenten Prinzipien in Gefahr sind, fungieren die Gerichte als ‚Hüter des Rechts'". Die bei Fraenkel durchgängig vertretene und noch stark durch seine Weimarer Positionen geprägte Auffassung, der Normenstaat diene der Aufrechterhaltung des kapitalistischen Systems, ist wegen ihrer schablonenhaften Einseitigkeit oft und zu Recht kritisiert worden. Das kann und muß hier nicht vertieft werden.

85 PrOVG v. 30. August 1938 (Deutsche Verwaltung 1939, S. 281), angeführt bei *Fraenkel*, Doppelstaat (Fn. 1), S. 131; dort ist die Entscheidung irrig als eine solche des Reichsdisziplinarhofs ausgewiesen.

86 *Fraenkel*, Doppelstaat (Fn. 1), S. 131 fügt spöttisch hinzu: „In Fragen der Gebühren für Straßenbenutzung verbeugt sich das Dritte Reich vor der Majestät des Rechts."

87 RG v. 10. März 1934 (RGZ 144, 106 [112 f.]), angeführt bei *Fraenkel*, Doppelstaat (Fn. 1), S. 136.

88 RG v. 6. Juli 1934 (RGZ 144, 306 ff. [310]), in Bezug genommen bei *Fraenkel*, Doppelstaat (Fn. 1), S. 136.

89 LG Hamburg v. 4. Oktober 1935 (Rechtsprechung. Beilage zur Deutschen Richterzeitung 1935, Sp. 644 = Nr. 631). Die Entscheidung wird angeführt bei *Fraenkel*, Doppelstaat (Fn. 1), S. 138, der hinzufügt, der klagende Schuldner habe hier fällige Hypothekenzinsen unter Berufung auf Art. 11 des Parteiprogramms der NSDAP verweigert (was sich aus dem Urteilsabdruck nicht ergibt).

90 *Möller*, Ernst Fraenkel (Fn. 18), S. 168.

91 *Franz Neumann*, Behemoth. Struktur und Praxis des Nationalsozialismus 1933–1944 (1944), 1977. Die Frage, ob nun eher Fraenkel oder eher Neumann „Recht" gehabt habe, scheint einigermaßen müßig, auch wenn die verbreitete Auffassung, Fraenkels Konzept habe seine Berechtigung durchaus bis 1938 gehabt, dasjenige Neumanns hingegen überlegene Deutungskraft für Entwicklungen in der Kriegszeit entfaltet, ihrerseits etwas harmonistisch wirkt. Nähere Analyse bei *Gert Schäfer*, Nachwort: Franz Neumanns Behemoth und die heutige Faschismusdiskussion, in: *Neumann*, Behemoth, ebd., S. 663 ff.; *Wolfgang Luthardt*, Unrechtsstaat oder Doppelstaat?, in: Hubert Rottleuthner (Hrsg.), Recht, Rechtsphilosophie und Nationalsozialismus (= Archiv für Rechts- und Sozialphilosophie, Beiheft Nr. 18), 1983, S. 197 ff.

92 Dazu hatte Helmut Ridder schon 1970 angemerkt, „Fraenkels eigenwillige Naturrechtskonzeption, die sich nicht zuletzt aus ersten Entdeckerfreuden an der Welt des Common Law speiste", werde bei genauerer Analyse „nicht ohne beträchtliche Einbußen davonkommen" (*Helmut Ridder*, Der Doppelstaat – Die Ehe von Kapitalismus und NS-Diktatur, in: DIE ZEIT Nr. 24 v. 12.6.1970, S. 47).

93 Dazu kritisch *Breuer*, Fraenkel (Fn. 31), S. 39 ff. – Des weiteren verwundert zumindest in der Rückschau, daß Fraenkel dem Phänomen des in Gesetzesform gegossenen Unrechts kein Augenmerk widmete. Damit soll er nicht dafür gerügt werden, die (ihrerseits ja keineswegs unproblematische) Radbruchsche Formel von 1946 nicht schon vorweggenommen zu haben. Aber mit den Nürnberger Gesetzen von 1935

hatte er die Problematik sozusagen prototypisch vor Augen. Stattdessen stoßen wir auf die leicht irritierende Feststellung, seit der Reichstagsbrand-Verordnung vom 28. Februar 1933 fänden sich in „demjenigen Teil des staatlichen und gesellschaftlichen Lebens, den wir als den politischen Sektor bezeichnen werden, so gut wie keine Gesetze im Reichsgesetzblatt" (*Fraenkel*, Doppelstaat (Fn. 1), S. 56). Dem kann nur ein extrem enges Verständnis vom ‚politischen Sektor' zugrundeliegen.

94 *Iring Fetscher*, Ein Rest von Normen, der Großteil Willkür, in: Frankfurter Rundschau Nr. 275 v. 26.11.2001, S. 12.

95 Und auch nicht eine Machtteilung, wie man sie im Dualismus des Ständestaates erblicken konnte, den *Georg Jellinek* (Allgemeine Staatslehre, 3. Aufl. 1914, S. 320) beiläufig als „Doppelstaat" bezeichnet hatte.

96 *Fraenkel*, Doppelstaat (Fn. 1), S. 155.

97 *Fraenkel*, Doppelstaat (Fn. 1), S. 205.

98 *Fraenkel*, Das Dritte Reich (Fn. 23), S. 509: „Deutschland lebt heute nach doppeltem Recht. Für das deutsche Reich als politisches Gebilde gilt ein gesondertes Recht; als technischer Apparat funktioniert es im Einklang mit allgemein gültigen Gesetzen. Der politische Staat und der technische Staatsapparat leben nicht nur nach zweierlei Recht, sondern auch nach verschiedenen Rechtsprinzipien. Während der technische Staatsapparat ein ausgearbeitetes System von Gesetzen besitzt, lebt der politische Staat von einigen wenigen ganz allgemein gefaßten Rechtssätzen, die fast unbegrenzten Raum für das freie Ermessen politischer Instanzen lassen."

99 *Alfons Söllner*, Ernst Fraenkel und die Verwestlichung der politischen Kultur in der Bundesrepublik Deutschland, in: Leviathan 30 (2002), S. 132 ff. (138).

100 *Möller*, Ernst Fraenkel (Fn. 18), S. 167.

101 *Ridder*, Doppelstaat (Fn. 92), S. 47.

Michael Wildt

Die politische Ordnung der Volksgemeinschaft

Ernst Fraenkels *Doppelstaat* reconsidered

Sich dem Unvertrauten zu nähern, indem man auf Bekanntes zurückgreift, ist nichts Ungewöhnliches. Das gilt gleichermaßen für den Nationalsozialismus, der 1930 plötzlich zur Massenbewegung anschwoll und trotz rückläufiger Wählerstimmen im November 1932 wenige Wochen später unerwartet den politischen Sieg errang. „Schreck. Es nie für möglich gehalten", notierte Klaus Mann am Abend des 30. Januar 1933 in sein Tagebuch.[1] „Eisiger Schreck", so erinnerte sich auch Sebastian Haffner an die Gefühle beim Erhalt der Nachricht, dass Hitler Reichskanzler geworden sei, und schrieb weiter: „Dann schüttelte ich das ab, versuchte zu lächeln, versuchte nachzudenken, und fand in der Tat viel Grund zur Beruhigung. Am Abend diskutierte ich die Aussichten der neuen Regierung mit meinem Vater, und wir waren uns einig darüber, daß sie zwar eine Chance hatte, eine ganze hübsche Menge Unheil anzurichten, aber kaum eine Chance, lange zu regieren."[2]

Diese Erwartung trog. In der revolutionären Phase im Frühjahr 1933 – häufig mit dem verharmlosenden zeitgenössischen, technischen Begriff der „Gleichschaltung" bezeichnet – bemächtigten sich die Nationalsozialisten nicht nur der politischen Strukturen, sondern transformierten sie grundlegend: Zerschlagung der Gewerkschaften und Arbeiterparteien, Einheitsparteisystem, Vereinheitlichung von Jugend-, Berufs-, ja sogar Freizeitverbänden, Führerprinzip, antisemitische Berufsverbote, Terror gegen die politische Opposition, Konzentrationslager, Geheime Staatspolizei.

Wie sollte man dieses NS-Regime erklären? Es lag nahe, die neue nationalsozialistische Ordnung als Diktatur oder Tyrannei zu bezeichnen. Marxisten sprachen vom Bonapartismus und spielten damit auf Marxens Analyse des Staatsstreichs von Louis Bonaparte 1851 in Frankreich an. Franz Neumann ging in seinem Buch *Behemoth*, 1942 in den USA erschienen, noch einen Schritt weiter und erklärte das NS-Regime zum „Unstaat“[3], während die folgenden Totalitarismustheorien dagegen den anderen Pol einnahmen und Nationalsozialismus wie Sowjetkommunismus als totale Staaten beschrieben.

All diesen Erklärungen ist eines gemeinsam: Sie beziehen sich auf vertraute Staatstheorien. Entweder wird das nationalsozialistische Herrschaftssystem als Tyrannei oder Oligarchie in die klassische griechische Wandlungslehre der politischen Verfassung eingeordnet beziehungsweise mit dem Begriff der Diktatur als Extremform des autoritären Staates gekennzeichnet, als Einmann-Herrschaft, was angesichts der dominierenden Rolle Hitlers durchaus nachzuvollziehen war.

Oder man griff, um die marxistische Theorie der Klassenherrschaft auch im Ausnahmezustand zu retten, auf hundert Jahre alte, französische Verhältnisse zurück – wenn man nicht gleich, wie es die Kommunistische Internationale 1935 tat, die Wirklichkeit in die ideologische Form zu pressen versuchte und den Nationalsozialismus zur Monopolherrschaft des Finanzkapitals erklärte. Selbst Neumanns totale Negation bleibt im Horizont des klassischen Staatsbegriffs, wie er im 18. und 19. Jahrhundert ausgearbeitet worden ist.

Auch Ernst Fraenkel behält den Staat im Blick, und doch öffnet seine Analyse des NS-Regimes die Perspektive auf die spezifische politische Ordnung des Nationalsozialismus. Sein Buch *Der Doppelstaat*, lange Jahre eher unbeachtet und vergriffen, bezeichnenderweise jüngst wieder neu aufgelegt, birgt, so meine These, überraschend viele Einsichten und Überlegungen, die, sicherlich im Gewand der politischen und juristischen Theorie der dreißiger Jahre vorgetragen, dennoch im Unterschied zu den bekannten Erklärungen des NS-Regimes helfen, das Neue und Unbekannte dieser politischen Ordnung in den Blick zu nehmen.

Kollektive Demokratie

Es muss an dieser Stelle nicht der Verlust hervorgehoben werden, der durch die nationalsozialistische Verfolgung, Vertreibung und Vernichtung der europäischen Juden auch dem intellektuellen und wissenschaftlichen Leben in Deutschland zugefügt worden ist. Max Horkheimer, Theodor Adorno, Leo Löwenthal, Herbert Marcuse, Otto Kirchheimer, Franz Neumann, um hier nur allein Autoren der sogenannten Frankfurter Schule zu nennen, stammten ebenso aus jüdischen Familien wie Ernst Fraenkel.

Fraenkel wurde 1898 als Sohn wohlhabender Eltern in Köln geboren, die früh starben, so dass er bei seinem Onkel mütterlicherseits in Frankfurt am Main aufwuchs. Dort wurde er durch eine deutsch-jüdische Vorstellungswelt geprägt, die ihren Ausdruck, wie Fraenkel später schrieb, in einem „wahren ‚Bildungskult'" fand, der sich an der Persönlichkeit Goethes und dessen literarischem Lebenswerk ausrichtete. Man war fortschrittsgläubig und rechtsstaatlich-tolerant, verurteilte das autokratische Russland mit seinen antisemitischen Pogromen als barbarisch und bewunderte England als das vorbildlich freie Land Europas. Die Erziehung im Zeichen von Aufklärung und Assimilation vermittelte wenig von jüdischer Religion und Kultur. Fraenkel charakterisierte diese Haltung zum Judentum, die vor allem in der Abwehr des Antisemitismus bestand, mit einem Begriff Theodor Herzls als „Trotzjudentum“[4].

Und dennoch: Fraenkel war sich wie Leo Löwenthal, Gershom Scholem und viele andere seiner Generation trotz aller Emanzipation der Juden in Deutschland durchaus bewusst, einer Minderheit anzugehören. Diese Gewissheit hielt die meisten deutschen Juden keineswegs davon ab, sich aus voller Überzeugung als Teil der deutschen Nation zu betrachten, und auch für Fraenkel war es selbstverständliche patriotische Pflicht, für Kaiser und Vaterland in den Krieg zu ziehen. Dennoch bildete das Minoritätsbewusstsein, die Zugehörigkeit zu einem Teil und nicht zum Ganzen in Fraenkels Rückschau Anfang der siebziger Jahre sein „politisches Ur-Erlebnis“.[5]

1916 wurde Fraenkel als Achtzehnjähriger eingezogen, kämpfte an der Front, was ihn später unter die Ausnahmeparagraphen der antisemitischen Berufsverbotsgesetze des NS-Regimes fallen ließ und ihm damit noch eine Zeitlang ermöglichte, als Rechtsanwalt weiterzuarbeiten. Als der Krieg zu Ende ging, gehörte Fraenkel zwar einem Soldatenrat in seiner Darmstädter Garnison an, aber ein überzeugter Revolutionär war er nicht. Eigentlich wollte er nach seiner Entlassung aus der Armee Geschichte studieren, einigte sich allerdings mit seinem Onkel, Jura als Hauptfach und Geschichte als Nebenfach zu wählen.

In Frankfurt traf er auf Franz Neumann und Leo Löwenthal, gründete mit ihnen 1919 eine sozialistische Studentengruppe. Neumann trat noch im selben Jahr in die SPD ein, Fraenkel 1921. Er blieb ein Reformist, auch wenn er sich selbst eher auf dem linken Flügel der SPD verortete. Zur Leitfigur dieser jungen sozialdemokratischen Juristen wurde Hugo Sinzheimer, der die erste ordentliche Professur für Arbeitsrecht innehatte. Sinzheimer, Sozialdemokrat und Jude, wesentlich an der Ausarbeitung der Weimarer Verfassung beteiligt, war den völkischen und antisemitischen Studenten verhasst. Seine Antrittsvorlesung wurde von Randalierern gestört, seinen Weg zum Vortragspult mussten ihm demokratische Studenten, darunter Franz Neumann, erst bahnen. Später, 1933, gehörte er zu den ersten Frankfurter Professoren, die entlassen und in die Emigration gezwungen wurden. Bei ihm studierten Fraenkel, Neumann, Otto Kahn-Freund, Hans Morgenthau und Carlo Schmid, der ebenso wie Fraenkel 1923 bei Sinzheimer promovierte. Fraenkel wurde anschließend dessen Universitätsassistent, die Stelle, die nach ihm Franz Neumann erhielt. Zum Andenken an Sinzheimer, der zwar in den Niederlanden untertauchen konnte, aber wegen der Strapazen der Verfolgung und des Überlebens im Versteck nur wenige Wochen nach der Befreiung 1945 starb, hielt Fraenkel später in Frankfurt 1958 eine sehr persönliche, bewegende Rede, die gegen den damals herrschenden Zeitgeist im Nachkriegsdeutschland den Antisemitismus, dessentwegen Sinzheimer vertrieben worden war, nicht verschwieg.[6]

Arbeitsrecht klingt nach trockenen Tarifvertragsauseinandersetzungen und Arbeitsgerichtsprozessen. Und doch besaß das Fach eine politische Dimension, die diesen jungen, linken Juristen sehr bewusst war. In der deutschen Tradition war das Recht eng mit dem Staat, mit Gesetz verbunden, in der Hegelschen Rechtsphilosophie gar zur Kongruenz gebracht. Recht wurde vom Staat gesetzt, von niemandem sonst. Und auch Neumann bezog sich in der Emigration wieder auf diese Auffassung, als er auf die Frage, ob das NS-Regime überhaupt ein Staat sei, zur Antwort gab: „Wenn ein Staat durch die Herrschaft des Gesetzes charakterisiert ist, dann müssen wir diese Frage verneinen, da wir bestreiten, daß in Deutschland ein Recht existiert."[7]

Gegen diese Gleichsetzung von Staat und Gesetz stand das moderne Arbeitsrecht, anerkannte es doch nicht nur, dass gesellschaftliche Verbände wie Gewerkschaften und Arbeitgebervereinigungen existierten, sondern auch, dass diese Kollektivorganisationen unabhängig vom Staat miteinander Tarifverträge abschlossen, die durchaus Recht setzten, auf das sich Mitglieder dieser Verbände vor den Arbeitsgerichten berufen konnten, ohne dass zu dieser Rechtsfrage ein Gesetz verabschiedet worden wäre.

Ernst Fraenkel dachte diese neue, gesellschaftliche Dimension, die Sinzheimer vorgezeichnet hatte, konsequent weiter und veröffentlichte bereits in den zwanziger Jahren mehrere Aufsätze, in denen er eben diese „kollektive Demokratie" theoretisch entwickelte. Kollektive Demokratie bedeutete, so Fraenkel, „daß bei der Bildung des Staatswillens nicht mehr die einzelnen, nicht mehr nur das Individuum, sondern auch die Verbände als solche beteiligt sind".[8] Das hieß nicht, dass ein rechtsfreier Raum außerhalb des Staates, womöglich gar gegen ihn, errichtet werden sollte. Rechtsstaat und Verfassung blieben das Dach auch einer „kollektiven Demokratie". Was Fraenkel hier bereits anstrebte – und später, nach dem Krieg, in seiner die Politikwissenschaft der fünfziger und sechziger Jahre prägenden Pluralismus-Theorie ausarbeitete –, war die Ergänzung der vornehmlich staatlich vermittelten Demokratie durch eine gesellschaftliche Demokratie: „Die kollektive Demokratie (die nicht etwa nur ein leerer Wunsch, sondern ein wirksamer Bestandteil unseres Staatslebens ist, bei deren Ausbau es sich im Sinne von Marx nicht darum handelt, Ideale zu verwirklichen, sondern Elemente der Freiheit in Bewegung zu setzen) wird nicht eine selbständige Gesellschaftsverfassung neben der Staatsverfassung darstellen, sondern sie wird sich in die Staatsverfassung selbst einschieben."[9]

Aufgrund solcher Überlegungen war Fraenkel gefeit gegen Carl Schmitts Thesen von der Identität der Regierten mit den Regierenden und der unbedingten Homogenität der politischen

Ordnung. Fraenkel hielt nicht nur an der Tatsache sozialer Ungleichheit fest, sondern auch an der Realität gesellschaftlicher Spaltung sowie am Streit als wesentlichem Element der Bildung von Kompromissen. Anders als Franz Neumann, der in der Schlussphase der Weimarer Republik Carl Schmitt gewissermaßen von links las, die Freund-Feind-Kennung auf den Gegensatz von Kapital und Arbeit übertrug und die parlamentarische Demokratie für unfähig erklärte, diesen Gegensatz zu lösen,[10] bewahrte das Pluralismuskonzept Fraenkel vor ähnlichen Näherungen an die autoritäre Verfassungstheorie Schmitts, den Fraenkel nach dem Krieg als den „einfallreichsten und gefährlichsten, weil labilsten deutschen Sozialwissenschaftler unserer Zeit“ bezeichnete, der keine Rechtswissenschaft, sondern immer nur „Situationswissenschaft“ betrieben habe.[11]

Es liegt nahe, dass es Fraenkels Überlegungen zur „kollektiven Demokratie“ gewesen sind, die ihn zum Konzept des Doppelstaats brachten. Indem er das Politische nicht allein staatlich dachte und – in der positiven Konzeption – neben der staatlich vermittelten Demokratie eines gesellschaftlich fundierte entwarf, war Fraenkel – in der Negativanalyse des Nationalsozialismus – imstande, den NS-Staat nicht allein als Führer-Staat, als allumfassende Diktatur oder hermetisch-totalitäres System zu begreifen, sondern ebenfalls das Politische unabhängig von der staatlichen Ordnung zu untersuchen.

Normen- und Maßnahmenstaat

Fraenkels *Doppelstaat* ist in der unmittelbaren, beteiligten Beobachtung des NS-Regimes entstanden. Beide, Fraenkel wie Neumann, haben neben ihrer anwaltlichen Tätigkeit für die Gewerkschaften zum Ende der Weimarer Republik auch als Rechtsvertreter der SPD gearbeitet. Selbstverständlich befanden sie sich damit im Visier der Nationalsozialisten, und als am 2. Mai 1933 die Gewerkschaftshäuser gestürmt wurden, räumte die SA ebenfalls das Rechtsanwaltsbüro von Fraenkel und Neumann, das sich im Gebäude des Deutschen Metallarbeiterverbandes in Berlin befand. Neumann, der sich als Syndikus der SPD besonders bedroht fühlte, verließ wenige Tage später Deutschland und emigrierte nach England. Fraenkel, der als ehemaliger Frontsoldat von den antisemitischen Berufsverbotsgesetzen des April 1933 vorerst ausgenommen war, blieb in Berlin und versuchte, den vom NS-Regime Verfolgten als Anwalt zu helfen, schrieb zugleich, unter Pseudonym, Artikel für die in Paris erscheinende Zeitschrift der Widerstandsorganisation Internationaler Sozialistischer Kampfbund und sammelte Material aus Zeitungen, Zeitschriften, Gerichtsentscheidungen für seine Analyse des Nationalsozialismus.[12]

In der Edition der Gesammelten Schriften Ernst Fraenkels ist zum ersten Mal der *Ur-Doppelstaat* veröffentlicht worden, also jene Fassung, die Fraenkel kurz vor seiner Flucht im September

1938 über einen Angehörigen der französischen Botschaft hat aus Deutschland herausbringen und in die USA mitnehmen können. Für die amerikanische Ausgabe, die 1941 unter dem Titel *The Dual State* erschien, hat Fraenkel das Manuskript noch einmal gründlich überarbeitet und erweitert, um, wie er im Vorwort zur deutschen Ausgabe schrieb, „die Herrschaftsstruktur des Dritten Reiches in wissenschaftlichen Kategorien zu erläutern, die dem sozialwissenschaftlich geschulten amerikanischen Leser vertraut waren". Dieser amerikanische Text wiederum bildete die Grundlage für die deutsche Rückübersetzung, die 1974, kurz vor dem Tod Fraenkels, in der Bundesrepublik veröffentlicht wurde.[13]

Der Begriff „Doppelstaat" sollte das „Nebeneinander eines seine eigenen Gesetze im Allgemeinen respektierenden ‚Normenstaates' und eines die gleichen Gesetze missachtenden ‚Maßnahmenstaates'" bezeichnen. Unter „Maßnahmenstaat" verstand Fraenkel das „Herrschaftssystem der unbeschränkten Willkür und Gewalt, das durch keinerlei rechtliche Garantien eingeschränkt ist", unter „Normenstaat" das „Regierungssystem, das mit weitgehenden Herrschaftsbefugnissen zwecks Aufrechterhaltung der Rechtsordnung ausgestattet ist, wie sie in Gesetzen, Gerichtsentscheidungen und Verwaltungsakten der Exekutive zum Ausdruck gelangen".[14]

Ausdrücklich hob Fraenkel hervor, dass er damit nicht „das Nebeneinander von Staats- und

Parteibürokratie" meinte, sondern den „gesamten öffentlichen Apparat" in den Blick nehmen wollte. Die Institutionen des NS-Staates konnten, nach Fraenkel, sowohl zum Normen- als auch zum Maßnahmenstaat gehören, was zugleich als Kritik an jedweder beschönigenden Teilung in eine reine, unschuldig gebliebene Bürokratie auf der einen und eine Staat und Recht zerstörende Nazibewegung auf der anderen Seite zu lesen ist. Dagegen kennzeichnete den zweifellos zum Maßnahmenstaat gehörende SS- und Polizeiapparat gerade die Verbindung von staatlicher Polizei und nationalsozialistischer Organisation. Umgekehrt galten die Oberfinanzdirektionen bislang fraglos als Institutionen des Normenstaates, wohingegen jüngere Untersuchungen jetzt deren zentrale, initiativenreiche Rolle bei der Verfolgung und Enteignung der deutschen Juden erhellen.[15] Fraenkels Analyse erlaubt es, die Machtergreifung der Nationalsozialisten nicht mehr als bloße Usurpation der Staatsgewalt durch die Partei zu sehen, sondern die Transformation des Staates durch die Nationalsozialisten in den Blick zu nehmen.

Seinen Ausgangspunkt nahm dieser Prozess mit der Reichstagsbrandverordnung vom 28. Februar 1933, laut Fraenkel die „Verfassungsurkunde" des Dritten Reiches. Würde sich Geschichte nach der Frage cui bono? Wem nützt es? erklären, dann wäre der Streit darüber, wer den Reichstag angezündet habe, längst beendet. Vielleicht ist es angesichts des immensen politischen Nutzens, den die Nationalsozialisten aus dem Reichstagsbrand ziehen konnten, nur schwer möglich, die Tat eines Einzelnen und damit die Kontingenz in der Geschichte zu akzeptieren. Doch ungeachtet der anhaltenden Auseinandersetzung unter Historikern, ob Marinus van der Lubbe der Brandstifter war, ist unumstritten, dass die NS-Führung die politische Chance, die sich mit dem Reichstagsbrand eröffnete, sofort und entschlossen nutzte. Noch in der Nacht entschieden sich Hitler, Göring, Goebbels, Papen in kleiner Runde, sofort eine Notverordnung ausarbeiten zu lassen, die am folgenden Vormittag dem Reichskabinett als Entwurf vorlag. Am späten Nachmittag unterschrieb Reichspräsident Hindenburg die „Verordnung zum Schutz von Volk und Staat“ vom 28. Februar 1933.[16]

Die Verordnung knüpfte – einschließlich der Suspendierung wesentlicher Grundrechte wie die Freiheit der Person, die Unverletzbarkeit der Wohnung, das Post- und Telefongeheimnis, die Meinungs- und Versammlungsfreiheit, das Vereinigungsrecht sowie die Gewährleistung des Eigentums – durchaus an entsprechende Ausnahmeverordnungen der Weimarer Republik an. Unmittelbar nach Verabschiedung der Verfassung 1919 war eine Musterverordnung in der Ministerialbürokratie zum Notstandsartikel 48 ausgearbeitet worden, deren Formulierung weitgehend mit der Verordnung vom Februar 1933 übereinstimmte. Auch der sozialdemokratische Reichspräsident Ebert griff in den instabilen Anfangsjahren der Weimarer Republik mehr als ein Dutzend Mal mit Hilfe des Artikels 48, meist gegen linke Aufstandsversuche, ein. Dabei wurden sowohl die exekutive Macht an regionale Militärbefehlshaber übergeben als auch die bürgerlichen Grundrechte vorübergehend außer Kraft gesetzt.

Die Reichstagsbrandverordnung stellte alles andere als einen überstürzten oder gar gänzlich neuen Verwaltungsakt dar. Dennoch unterschied sie sich aber in zwei charakteristischen Bestimmungen von ihren Vorgängern.[17] Zum einen erlaubte jetzt der § 2 die Übernahme der Befugnisse einer Landesbehörde durch die Reichsregierung, ohne dass wie früher der Reichspräsident eine solche Maßnahme anordnen musste. Damit war der Weg frei für die nationalsozialistische Machtergreifung in den Ländern, indem in einem kalkulierten Zusammenspiel von Straßengewalt und Notverordnungspolitik die SA die rechtmäßigen Regierungen gewalttätig bedrohte und die Hitler-Regierung eben dies zur Begründung nahm, um zur angeblichen Wiederherstellung der öffentlichen Ordnung die gewählten Landesregierungen durch nationalsozialistische Reichskommissare zu ersetzen.

Zum zweiten vermied die Reichstagsbrandverordnung bewusst, den militärischen Ausnahmezustand auszurufen. Sie übertrug die exekutive Gewalt nicht wie bisher üblich an einen Militärbefehlshaber, sondern zielte deutlich auf die Polizei, um die Repressionsmaßnahmen durchzusetzen. Die Reichstagsbrandverordnung stärkte die Macht der Polizei im NS-Regime und ließ erkennen, wie wenig die nationalsozialistische Führung in den traditionellen Kategorien eines Staatsnotstands oder Belagerungszustandes dachte. Es ging weder um die „Wiederherstellung der öffentlichen Sicherheit und Ordnung", wie es der Artikel 48 der Weimarer Verfassung, auf den sich sämtliche Notstandsverordnungen bezogen, vorschrieb, noch um „die Abwehr kommunistischer staatsgefährdender Gewaltakte", wie es in der Präambel der Reichstagsbrandverordnung hieß, sondern um die dauerhafte Festschreibung nationalsozialistischer Herrschaft, die sich wesentlich auf die Polizei und Konzentrationslager stützte. Bis zum Ende des Regimes legitimierte die Geheime Staatspolizei ihre Maßnahmen, Erlasse, Anweisungen mit der „Verordnung zum Schutz von Staat und Volk" vom 28. Februar 1933.

Die Reichstagsbrandverordnung sollte dem Regime völlige Handlungsfreiheit geben, oder, allgemeiner gesprochen, das Politische der Sphäre des Rechts entziehen. „Der politische Sektor des Dritten Reiches", so Ernst Fraenkel, „bildet ein rechtliches Vakuum. Dies schließt nicht aus, daß innerhalb seines Apparates eine gewisse Ordnung und Kalkulierbarkeit des Verhaltens seiner Funktionäre in Erscheinung tritt. Es fehlt jedoch in diesem Sektor eine auf publizierten und daher generell verbindlichen Normen basierende Regelung des Verhaltens seiner Behörden und sonstigen Exekutivorgane. Im politischen Sektor des Dritten Reiches gibt es weder ein objektives noch ein subjektives Recht, keine Rechtsgarantien, keine allgemein gültigen Verfahrensvorschriften und Zuständigkeitsbestimmungen – kurzum, kein auch die Betroffenen verpflichtendes und berechtigendes Verwaltungsrecht. In diesem Sektor fehlen die Normen und herrschen die Maßnahmen. Daher der Ausdruck ‚Maßnahmenstaat'".[18]

Der Ausnahmezustand als Ordnung

„Souverän ist, wer über den Ausnahmezustand entscheidet." Mit diesem vielzitierten Satz begann Carl Schmitt seine 1922 erstmals erschienene *Politische Theologie*. Der Ausnahmefall steht hier nicht mehr für den übergesetzlichen Staatsnotstand, um die Normen der Verfassung vor Angriffen zu schützen. Die Aussetzung der Regel ist bei Schmitt eine Grenzzone. Der Souverän „entscheidet sowohl darüber, ob der extreme Notfall vorliegt, als auch darüber, was geschehen soll, um ihn zu beseitigen. Er steht außerhalb der normal geltenden Rechtsordnung und gehört doch zu ihr, denn er ist zuständig für die Entscheidung, ob die Verfassung in toto suspendiert werden kann."[19]

Wie Carl Schmitt reagierte auch Ernst Fraenkel auf die Legitimitätskrise des bürgerlichen Staates und versuchte, das Politische außerhalb des Staatlichen zu denken. Aber während Schmitts Bestimmung des Politischen als Freund-Feind-Unterscheidung, als Bezeichnung des „äußersten Intensitätsgrad[s] einer Verbindung oder Trennung, einer Assoziation oder Dissoziation" auf die Forderung nach Homogenität und Abgrenzung des Volkes hinauslief, das Volk nicht als Versammlung gleicher Staatsbürger, sondern als gleichartige, nach 1933 „artgleiche", politische Einheit und den Staat nur noch als einen „besonders gearteten Zustand des Volkes" zu definieren,[20] bildete die Trennung des Politischen vom Staatlichen bei Fraenkel den Eröffnungszug einer Analyse, mit der die spezifische staatliche Ordnung des Nationalsozialismus identifiziert werden sollte.

Fraenkel unterzog den Begriff des Ausnahmezustands damit implizit einer radikalen Kritik, legt das Wort doch semantisch nahe, es handele sich nur um die Ausnahme von einer Regel, die möglichst rasch wieder ihre Gültigkeit erhalten solle. Ausnahmezustand setzt immer den Rechtsstaat voraus, muss sich stets auf eine Rechtsordnung beziehen, deren Aussetzung erst die Ausnahme konstituiert. Der italienische Philosoph Giorgio Agamben hat dieses schon bei Carl Schmitt angelegte Paradox als „einschließende Ausschließung" bezeichnet, da der Ausnahmezustand nicht die Überschreitung einer Grenze bedeute, vielmehr die juridisch-politische Ordnung selbst sichtbar mache, von der aus alles, was in der Ordnung eingeschlossen und was aus ihr ausgeschlossen ist, erst seine Bedeutung gewinnt. Nicht die Ausnahme entzieht sich der Regel, vielmehr gibt die Regel, indem sie sich aufhebt, der Ausnahme statt. Nur dank ihrer Beziehung zur Ausnahme setzt sich die Regel überhaupt als Regel. Der Ausnahmezustand stellt somit die äußerste Form jener Beziehung dar, die durch Ausschließung einschließt.[21]

Dieses komplexe Verhältnis von Ausnahme und Regel, von Recht und seiner Aufhebung, bleibt in Fraenkels Modell vom Doppelstaat erhalten und widerlegt zugleich eine wesentliche Denkfigur Carl Schmitts. Dessen Souverän, der allein die Macht besitzt, über den Ausnahmezustand zu entscheiden, suspendiert die Rechtsordnung total. Gefangen in den Identitätsprämissen seiner politischen Theorie vermag Schmitt nicht, Gesellschaft und Politik zu differenzieren, und entwirft das Bild einer allumfassenden Verfassungsordnung, deren Aufhebung durch den Souverän sämtliche Rechte zum Verschwinden brächte, als würde das Buch des Gesetzes gewissermaßen in einer theoretischen Sekunde ausgelöscht.

Der Ausnahmezustand ist aber nur eine staatsrechtliche Konstruktion, die die Verfassung suspendiert und den Souverän als Recht setzende Gewalt wiedereinsetzt. Damit ist das Recht der bürgerlichen Gesellschaft nicht ungültig geworden, wie Fraenkel deutlich gesehen hat. Selbst wenn die staatsbürgerlichen Grundrechte wie Freiheit der Person, Meinungs- oder Versammlungsfreiheit außer Kraft gesetzt werden, so gilt doch weiterhin das Vertragsrecht und das Recht auf Eigentum. Straßenbahnen müssen ebenso fahren, wie Häuser gebaut und Arbeiter entlohnt werden. Der Ausnahmezustand mag die Verfassung eines Rechtsstaates aufheben, die bürgerliche Zivilgesellschaft ist damit noch nicht zerstört. Darum jedoch ging es den Nationalsozialisten.

Das Neue des nationalsozialistischen Regimes bestand darin, dass es sich nicht auf Staat und Gesetz als Ordnungsprinzip gründete, sondern auf Volk und Rasse. Nicht der Staat stand im Mittelpunkt des nationalsozialistischen Denkens, sondern das Volk. Hitler selbst hat dies in „Mein Kampf" unmissverständlich formuliert: „Im allgemeinen soll aber nie vergessen werden, daß nicht die Erhaltung eines Staates oder gar die einer Regierung höchster Zweck des Daseins der Menschen ist, sondern die Bewahrung ihrer Art. [...] Wir, als Arier, vermögen unter einem Staat uns also nur den lebendigen Organismus eines Volkstums vorzustellen, der die Erhaltung dieses Volkstums nicht nur sichert, sondern es auch durch Weiterbildung seiner geistigen und ideellen Fähigkeiten zur höchsten Freiheit führt."[22]

Nicht das selbst in seiner repressivsten Form bindende staatliche beziehungsweise bürokratische Regelwerk einer Diktatur bildete die Handlungsgrundlage, sondern die Volksgemeinschaft, die Rasse, deren Fortentwicklung „naturgemäß" von keiner Bürokratie geregelt werden durfte. Von hierher rührte auch der bekannte Widerwillen gegen Juristen, den Hitler ebenso wie Himmler und Heydrich teilten. Weniger kleinbürgerliches Ressentiment war für solche Einstellungen verantwortlich, als vielmehr die klare politische Ablehnung jeglicher juristischer, das heißt systematischer, einheitlicher, durchschaubarer und in der Reichweite ihrer Gültigkeit verbindlich definierter Regulierungsansprüche.

In der Staatsrechtslehre des „Dritten Reiches" findet sich diese Kontroverse wieder. Gegen die etatistischen Positionen, wie sie Ernst Rudolf Huber oder Otto Koellreutter vertraten, die zwar den auf die Allgewalt Hitlers orientierten ‚Führerstaat' legitimierten, ihm aber durch einzelne Verfassungselemente gewisse Strukturen geben und ihn als juristische Person erhalten wollten, setzte der junge Berliner Staatsrechtler und SD-Funktionär Reinhard Höhn ganz auf die Volksgemeinschaft: „An Stelle des individualistischen Prinzips ist heute ein anderes getreten, das Prinzip der Gemeinschaft. Nicht mehr die juristische Staatsperson ist Grund und Eckstein des Staatsrechts, sondern die Volksgemeinschaft ist der neue Ausgangspunkt."[23]

Wer sich auf den Staat im Sinne der klassischen Hegelschen Rechtsphilosophie als Fluchtpunkt politischer Theorie bezieht, wird immer eine bestimmte Statik im Sinn haben, eine feste, verlässliche politische Struktur, eine verbindliche politische Theorie, und sei es nur die rechtsphilosophische Forderung nach Einheit von Staatsgewalt, Staatsvolk und Staatsgebiet. Volk – im völkischen, rassebiologischen Sinn – als bestimmende Kategorie birgt in sich die politische Dynamik. Während der Bezug auf den Staat als Ordnungsprinzip selbst in diktatorischen Regimen Regeln, Rechtsetzungen schafft, die auch für die Täter gelten, trägt die Volksgemeinschaft als Ordnungsprinzip die Entgrenzung der politischen Praxis bereits in sich.

Diese Dynamisierung, Entgrenzung des Staatsbegriffs scheint mir wichtig für die Analyse der nationalsozialistischen Ordnung. Der „ideale Staat", dem sich der reale Staat anzunähern habe, ohne ihn je zu erreichen, ist in den Schriften des jungen Friedrich Schlegel wie bei Johann Gottlieb Fichte oder Georg Forster zu finden. Die Vorstellung vom Reich als rückwärtsgewandter Utopie, die Ricarda Huch wie die Protagonisten der sogenannten Konservativen Revolution umtrieb, brach ebenso mit der herrschenden Staatsrechtsdogmatik wie die Heilserwartung des jungen Freikorpskämpfers Ernst von Salomon, der 1929 „Deutschland" nicht als Staat, als etwas Gegebenes, schon gar nicht als das Vorhandene, sondern als etwas Zukünftiges, im Entstehen Begriffenes, das erst noch erkämpft werden muss, umschrieb: „Deutschland war da, wo um es gerungen wurde, es zeigte sich, wo bewehrte Hände nach seinem

Bestande griffen, es strahlte grell, wo die Besessenen seines Geistes um Deutschlands willen den letzten Einsatz wagten. Deutschland war an der Grenze.“[24]

Der nationalsozialistische Anspruch, die Grenzen des Deutschen Reiches nach völkischen Prinzipien zu bestimmen, sprengte alle völkerrechtlichen Verträge und die in Europa geltende etatistische Machtpolitik. Chamberlains Appeasementpolitik ist daher nicht allein mit seiner politischen Kurzsichtigkeit zu erklären, sondern ebenso mit dem strukturellen Unverständnis angelsächsischer, auf Staatsbürgerschaft begründeter Politik gegenüber dem völkisch-rassebiologischen Denken. Erst der Kolonialpolitiker Winston Churchill – und hier mag, wer die entsprechenden Abschnitte über Rassismus und englische Kolonialbürokratie in Hannah Arendts *Elemente und Ursprünge totaler Herrschaft* kennt, eine treffende Bestätigung ihrer These sehen – wusste, was die Nationalsozialisten wollten.

Die Herstellung der „Volksgemeinschaft“ war ohne Zweifel in hohem Maße ein Prozess der Inklusion, der Gemeinschaftsbildung durch Gratifikation, Selbststilisierung und Anpassungsdruck. Aber dort, wo Gemeinschaft entsteht, müssen Grenzen gezogen werden; Inklusion bedingt notwendig Exklusion. In diesem Prozess besaß die antisemitische Politik des Regimes einen entscheidenden Stellenwert. Das deutsche Staatsvolk in eine rassistische Gemeinschaft, die bürgerliche

Zivilgesellschaft in eine aggressive Raubgemeinschaft zu verwandeln, konnte nicht per definitionem oder Rechtsetzung erfolgen. Diese Transformation war ein politischer Prozess, nicht nur in innerhalb der politischen Klasse oder der großen Städte, sondern gerade in der Provinz, in den Dörfern und kleinen Orten, wo die Nazis zwar die Führungsposten erobert, aber noch nicht die politische Macht errungen, geschweige denn die „Volksgemeinschaft" geschaffen hatten. Die Verfolgung der deutschen Juden als „Volksfeinde", als „rassische Gegner des deutschen Volkes" war das wesentliche politische Instrument zur Zerstörung des Staatsvolkes.[25]

Grenzen der Volksgemeinschaft

Wenn nach Fraenkel der „Maßnahmenstaat" prinzipiell die Tendenz hat, den „Normenstaat" aufzulösen, das heißt: alles Recht in Politik zu verwandeln, steht dann nicht zu befürchten, dass sich die „Volksgemeinschaft" selbst in ein willkürliches Gewaltchaos auflöst? Wie konnte man der Loyalität einer „Volksgemeinschaft" sicher sein, zu deren Konstitution einerseits die Stigmatisierung von „Volksfeinden" gehörte, die ausgeschlossen, vertrieben, vernichtet wurden, andererseits eben diese Praxis rassistischer Verfolgung die Außerkraftsetzung staatsbürgerlichen Rechts bedeutete und damit zwangsläufig die Angst schürte, dass die Erosion und Beugung des Rechts schließlich auch die Verfolger selbst erfassen könnte?

Wie sehr dieser Widerspruch die Nationalsozialisten umtrieb, zeigt die sogenannte „Arisierung". Ohne Zweifel bedeutete sie de facto die räuberische Enteignung jüdischen Eigentums und den Bruch zahlloser Verträge, also die massive Verletzung von Grundprinzipien des bürgerlichen Rechts, die unter den Bedingungen eines Rechtsstaates mit der Möglichkeit, vor Gericht den Rechtsbruch ahnden zu lassen und auf Rückerstattung des geraubten Eigentums zu klagen, undenkbar wäre. Um an diesen Kern bürgerlicher Gesellschaft, das Eigentumsrecht, wenigstens formal nicht zu rühren, verlangte das NS-Regime entsprechende Verträge, die den Raub als Kauf camouflierten – und vermochte dennoch nicht zu verdecken, dass das Bürgerliche Gesetzbuch außer Kraft gesetzt und die bürgerliche Gesellschaft damit unterhöhlt wurde. Wenn das Vertragsrecht gegenüber den Juden gebrochen, die Allgemeingültigkeit des Gesetzes aufgehoben wurde, wer durfte dann noch sicher sein, nicht als Nächster Raub und Willkür schutzlos ausgeliefert zu sein?[26]

Kein Geringerer als Hermann Göring hielt bereits 1934 einen Vortrag über „Die Rechtssicherheit als Grundlage der Volksgemeinschaft" und Hans Frank, Präsident der Akademie für Deutsches Recht und als Generalgouverneur in Polen mitverantwortlich für den millionenfachen Mord an den polnischen Juden, prangerte im Juli 1942 die „völlige Vernichtung der Rechtssicherheit" an – selbstverständlich ausschließlich bezogen auf die „Volksgenossen". Die Bestimmung der Grenzen, eben die Fixierung einer Rechtsordnung, war dem NS-Regime ein von vornherein inhärentes und unlösbares Problem, das Werner Best, Heydrichs Stellvertreter bis 1940, so formulierte, dass sich nicht „jede konkrete staatliche Tätigkeit normenlos nach dem Gutdünken der einzelnen Träger der Gewalt zu vollziehen hat. Es ist vielmehr auf sehr vielen Gebieten zweckmäßig, dass der Staat von sich aus seine künftige Tätigkeit genau normiert, so dass sie voraussehbar ist und den Betroffenen die Möglichkeit gegeben wird, sich danach zu richten." Die Normierung ist selbstverständlich nur angebracht, in den Worten Bests, „gegenüber allen positiv aufbauenden Kräften des Volkes."[27] Sie sollten möglichst weitgehend das Handeln des nationalsozialistischen Staates voraussehen können.

Fraenkels Doppelstaat-Theorie behält diese Widersprüche im Blick. Allerdings zielt bei ihm die Dynamik des politischen Systems vornehmlich auf die Ausweitung des „Maßnahmenstaates" zu Lasten des „Normenstaates", also des Politischen auf Kosten des Rechts, was Fraenkel später in einer Besprechung von Neumanns *Behemoth* dazu gebracht hat, seine eigene Studie als für die Vorkriegszeit gültig einzuordnen, wohingegen Neumanns Analyse auf die Kriegszeit zutreffe – eine

Lesart, die bis heute in der Literatur zu finden ist. Stellt man hingegen die Volksgemeinschaft als zentrales Element nationalsozialistischer Politik in den Mittelpunkt, so wird eine andere Dynamik erkennbar.

Die Logik des „Doppelstaats" zielte nicht zwangsläufig nur auf die Auflösung der Norm durch das verfügte Chaos, auf die Verdrängung des rechtsstaatlichen Normenstaates durch den politischen Maßnahmenstaat. Wer Fraenkels Modell ernst nimmt, wird eine komplexere Entwicklung prognostizieren. Ihr zufolge könnten im Laufe dieses Prozesses neue Normen entstehen, könnte die Politik gewissermaßen neues Recht schaffen. Eben dieser Sachverhalt findet sich schon bei Carl Schmitt: „Es gibt keine Norm, die auf ein Chaos anwendbar wäre. Die Ordnung muß hergestellt sein, damit die Rechtsordnung einen Sinn hat. Es muß eine normale Situation geschaffen werden, und souverän ist derjenige, der definitiv darüber entscheidet, ob dieser normale Zustand wirklich herrscht."[28]

Schmitts Blick ist wiederum fixiert auf den Souverän, von dessen Entscheidung abhängt, ob ein „normaler" Zustand herrscht oder nicht. Mit Fraenkel richtete sich die Perspektive indessen vielmehr auf die Herstellung der neuen Ordnung, auf das Verhältnis von Norm und Politik, von Recht und Gewalt, auf die Transformation des bürgerlichen Rechtsstaates in die Volksgemeinschaft. Für diesen Prozess ist der Ausnahmezustand unabdingbar. Erst die „Verordnung zum Schutz von Volk und Staat“ vom 28. Februar hat den Weg freigemacht, um das Verhältnis von Volk und Staat neu zu bestimmen.

Giorgio Agamben hat den Ausnahmezustand als eine Grenzzone der Ununterschiedenheit zwischen Natur und Recht bezeichnet, in der es nicht nur darum geht, wie Schmitt meinte, mit der „Kraft des wirklichen Lebens die Kruste einer in Wiederholung erstarrten Mechanik“ zu durchbrechen, sondern um das „nackte Leben“ selbst. Der Ausnahmezustand, so Agamben, erscheint vielmehr als eine Schwelle, wo sich das Leben zugleich außerhalb und innerhalb der Rechtsordnung befindet. Und diese Schwelle bezeichnet den Ort der Souveränität.[29]

Der Ausnahmezustand löscht das Gesetz nicht aus, schafft jedoch den Raum, wo das Gesetz nicht mehr gilt. Und während er untrennbar mit der Regel verbunden bleibt, verändert er diese in der Praxis der Ausnahme. Der Maßnahmenstaat verschlang daher nicht den Normenstaat, um sich im selbstzerstörerischen Chaos schließlich aufzulösen. Nicht die Normen als solche sollten verschwinden, sondern die bürgerliche Rechtsordnung. Für die „positiv aufbauenden Kräfte des Volkes“ sollte eine neue politische Ordnung entstehen, die mit dem alten Normenstaat brach, den „Volksgenossen“ aber dennoch Normensicherheit gewährte. Die Dynamik von Maßnahmen- und Normenstaat unter der Perspektive der

Volksgemeinschaftspolitik betrachtet, führt dann nicht zu völliger Rechtlosigkeit, wie Fraenkel angenommen hatte, auch nicht zu einem „Unstaat", wie Neumann formulierte, sondern zu einer neuen, rassistischen Rechtsordnung, die im Gegensatz zur bürgerlichen Gesellschaft versuchte, die Ungleichheit als Ordnungsprinzip festzuschreiben.

Anmerkungen

1 Klaus Mann, Tagebücher 1931-1933, hrsg. von Joachim Heimannsberg u. a., Reinbek bei Hamburg 1995, S. 113.

2 Sebastian Haffner, Geschichte eines Deutschen. Die Erinnerungen 1914-1933, München 2000, S. 106 f.

3 Franz Neumann, Behemoth. Struktur und Praxis des Nationalsozialismus 1933-1944, hrsg. von Alfons Söllner, Michael Wildt, Hamburg 2018, S. 16.

4 Ernst Fraenkel, Anstatt einer Vorrede, in: Ders., Reformismus und Pluralismus. Materialien zu einer ungeschriebenen politischen Autobiographie, hrsg. von Falk Esche, Frank Grube, Hamburg 1973, S. 13-15; zur Biographie Fraenkels siehe Simone Ladwig-Winters, Ernst Fraenkel. Ein politisches Leben, Frankfurt/M. 2009.

5 Fraenkel, Anstatt einer Vorrede, S. 15.

6 Ernst Fraenkel, Hugo Sinzheimer, in: Ders., Gesammelte Schriften, Bd. 1, hrsg. von Hubertus Buchstein, Baden-Baden 1999 S. 620-631

7 Neumann, Behemoth, S. 541.

8 Ernst Fraenkel, Die Gewerkschaften und das Arbeitsgerichtsgesetz (1927), in: Ders., Gesammelte Schriften, Bd. 1, S. 259.

9 Ernst Fraenkel, Kollektive Demokratie (1929), in: Ders., Gesammelte Schriften, Bd. 1, S. 355; vgl. Hubertus Buchstein, Verfassung, Demokratie und Pluralismus in den Weimarer Schriften von Ernst Fraenkel, in: Ders., Demokratiepolitik. Theoriebiographische Studien zu deutschen Nachkriegspolitologen, Baden-Baden 2011, S. 11-34.

10 So schrieb Neumann am 7. September 1932 an Schmitt: „Stellt man sich nämlich auf den Standpunkt, daß der grundlegende politische Gegensatz in Deutschland der ökonomische ist, daß die entscheidende Freund/Feind-Gruppierung in Deutschland die Gruppierung Arbeit und Eigentum ist, so leuchtet ein, daß bei einer solchen politischen Gegensätzlichkeit parlamentarisch nicht mehr regiert werden kann." Der Brief ist abgedruckt in: Rainer Erd (Hg.), Reform und Resignation. Gespräche über Franz L. Neumann, Frankfurt/M. 1985, S. 79 f.

11 Ernst Fraenkel, Rezension von Peter Schneider, Ausnahmezustand und Norm. Eine Studie zur Rechtslehre von Carl Schmitt [1957], in: Ders., Gesammelte Schriften, Bd. 2, hrsg. von Alexander v. Brünneck, Baden-Baden 1999, S. 599; vgl. Robert Chr. van Ooyen, Martin H. W. Möllers (Hg.), (Doppel-)Staat und Gruppeninteressen. Pluralismus

– Parlamentarismus – Schmitt-Kritik bei Ernst Fraenkel, Baden-Baden 2009.

12 Vgl. Douglas G. Morris, Legal Sabotage. Ernst Fraenkel in Hitler's Germany, Cambridge/New York 2020.

13 Ernst Fraenkel, The Dual State. A Contribution to the Theory of Dictatorship, New York u. a. 1941; Ders., Der Urdoppelstaat (1938), in: Ders., Gesammelte Schriften, Bd. 2, 267-473; Ders., Der Doppelstaat. Recht und Justiz im „Dritten Reich", Frankfurt/M. 1974, jetzt in: Ders., Gesammelte Schriften, Bd. 2, S. 33-266. Nach dieser Ausgabe wird im Folgenden zitiert.

14 Fraenkel, Doppelstaat, S. 49.

15 Vgl. Martin Friedenberger, „Die Rolle der Finanzverwaltung bei der Vertreibung, Verfolgung und Vernichtung der deutschen Juden", in: Ders. u. a. (Hg.), Die Reichsfinanzverwaltung im Nationalsozialismus, Bremen 2002, S. 10-94; Christiane Kuller, Bürokratie und Verbrechen. Antisemitische Finanzpolitik und Verwaltungspraxis im nationalsozialistischen Deutschland, München 2013.

16 Reichsgesetzblatt I, 1933, S. 83, siehe 1000 Schlüsseldokumente zur deutschen Geschichte im 20. Jahrhundert, URL: https://www.1000dokumente.de/index.html?c=dokument_de&dokument=0101_rbv&l=de (zuletzt abgerufen 12.1.2021).

17 Vgl. dazu Thomas Raithel, Irene Strenge, Die Reichstagsbrandverordnung. Grundlegung der Diktatur mit den Instrumenten des Weimarer Ausnahmezustandes, in: Vierteljahrshefte für Zeitgeschichte 48 (2000), S. 413-460.

18 Fraenkel, Doppelstaat, S. 55.

19 Carl Schmitt, Politische Theologie. Vier Kapitel zur Lehre von der Souveränität, Berlin 1996, S. 13 f.; vgl. Alf Lüdtke, Michael Wildt (Hg.), Staats-Gewalt: Ausnahmezustand und Sicherheitsregimes. Historische Perspektiven, Göttingen 2008.

20 Carl Schmitt, Der Begriff des Politischen (1932), Berlin 1963, S. 27, 20. Den Hinweis auf die signifikante Drehung von „gleichartig" in „artgleich" verdanke ich Lutz Niethammer, Kollektive Identität. Heimliche Quellen einer unheimlichen Konjunktur, Reinbek bei Hamburg 2000, S. 101-105.

21 Giorgio Agamben, Homo sacer. Die souveräne Macht und das nackte Leben, Frankfurt/M. 2002, S. 28.

22 Hitler, Mein Kampf. Eine kritische Edition, hrsg. von Christian Hartmann u. a., München/Berlin 2016, S. 305, 1009.

23 Zitiert nach Michael Stolleis, Geschichte des öffentlichen Rechts in Deutschland, Bd. 3: Staats- und Verwaltungsrechtswissenschaft in Republik und Diktatur 1914-1945, München 1999, S. 327; zu Höhn vgl. Alexander O. Müller, Reinhard Höhn. Ein Leben zwischen Kontinuität und Neubeginn, Berlin 2019.

24 Ernst von Salomon, Die Geächteten. Roman (1929), Reinbek bei Hamburg 1962, S. 49.

25 Zur „Volksgemeinschaft" siehe Frank Bajohr, Michael Wildt (Hg.), Volksgemeinschaft. Neue Forschungen zur Gesellschaft des Nationalsozialismus, Frankfurt/M. 2009; Martina Steber, Bernhard Gotto (ed.), Visions of Community in Nazi Germany. Social Engineering and Private Lives, Oxford 2014; sowie die von Detlef Schmiechen-Ackermann u. a. herausgegebenen Buchreihe „Nationalsozialistische ‚Volksgemeinschaft'. Studien zu Konstruktion, gesellschaftlicher Wirkungsmacht und Erinnerung".

26 Vgl. Michael Wildt, „Jedem das Seine". Die Rechtssicherheit der Volksgenossen, in: Ders., Die Ambivalenz des Volkes. Der Nationalsozialismus als Gesellschaftsgeschichte, Berlin 2019, S. 302-325.

27 Zitiert nach Fraenkel, Doppelstaat, S. 118.

28 Schmitt, Politische Theologie, S. 19.

29 Agamben, Homo sacer, S. 37.

Erstveröffentlichungsnachweise

Horst Dreier, „Was ist doppelt am ‚Doppelstaat'?" erschien erstmals: Nachwort zu Ernst Fraenkel, Der Doppelstaat, 3. Auflage, Europäische Verlagsanstalt, 2012; 4. Auflage, Europäische Verlagsanstalt, 2019.

Michael Wildt, „Die politische Ordnung der Volksgemeinschaft. Ernst Fraenkels *Doppelstaat* reconsidered": Der für diese Ausgabe überarbeitete Aufsatz erschien erstmals in: Mittelweg 36, Zeitschrift des Hamburger Instituts für Sozialforschung, 2003.